Angela Hentschel

Konflikte lösen im inklusiven Unterricht

Ein Maßnahmenkatalog zum Umgang mit schwierigen Schülern

Die Autorin:

Angela Hentschel ist Kunst- und Gestaltungstherapeutin sowie Tanz- und Theaterpädagogin und unterrichtet als Förderschullehrerin im Rahmen der Inklusion an einer Grundschule in Nordrhein-Westfalen.

Gedruckt auf umweltbewusst gefertigtem, chlorfrei gebleichtem und alterungsbeständigem Papier.

2. Auflage 2016
© 2014 Persen Verlag, Hamburg
AAP Lehrerfachverlage GmbH
Alle Rechte vorbehalten.

Das Werk als Ganzes sowie in seinen Teilen unterliegt dem deutschen Urheberrecht. Der Erwerber des Werkes ist berechtigt, das Werk als Ganzes oder in seinen Teilen für den eigenen Gebrauch und den Einsatz im Unterricht zu nutzen. Die Nutzung ist nur für den genannten Zweck gestattet, nicht jedoch für einen weiteren kommerziellen Gebrauch, für die Weiterleitung an Dritte oder für die Veröffentlichung im Internet oder in Intranets. Eine über den genannten Zweck hinausgehende Nutzung bedarf in jedem Fall der vorherigen schriftlichen Zustimmung des Verlages.

Sind Internetadressen in diesem Werk angegeben, wurden diese vom Verlag sorgfältig geprüft. Da wir auf die externen Seiten weder inhaltliche noch gestalterische Einflussmöglichkeiten haben, können wir nicht garantieren, dass die Inhalte zu einem späteren Zeitpunkt noch dieselben sind wie zum Zeitpunkt der Drucklegung. Der Persen Verlag übernimmt deshalb keine Gewähr für die Aktualität und den Inhalt dieser Internetseiten oder solcher, die mit ihnen verlinkt sind, und schließt jegliche Haftung aus.

Grafik: Stefan Lucas sowie Julia Flasche (S. 7/60: Daumen, S. 71: Sonne), Ingrid Hecht (S. 28: Hände reichen, S. 67: Hand, Seite 73: Jungen), Joachim Kühn (S. 71: Wolke)
Satz: Satzpunkt Ursula Ewert GmbH, Bayreuth

ISBN 978-3-403-23426-5

www.persen.de

Inhaltsverzeichnis

Vorwort 4

1 Theoretischer Hintergrund

1.1 Inklusion als neue Herausforderung 5
Theorie zur kindlichen Entwicklung 5
Grundbedürfnisse von Kindern 6

1.2 Kompetenztraining im Primarstufenbereich 7
Die verschiedenen Kompetenzen 7
Struktur des Curriculums 8
Bildungsbeitrag des Bereiches Kompetenzförderung (ESK-Training) in der Inklusion 8
Ziele der Kompetenzbildung 9
Unterrichtsgestaltung mit dem Curriculum 9
Anregungen für äußere Strukturen im inklusiven Unterricht 9
Aufgaben der Fachkonferenz 10

2 Konfliktlösungen – ein Maßnahmenkatalog

2.1 Störungsbilder erkennen 10
Die fünf Eskalationsstufen 12
Diagnostikbögen 13
Referenztransformation 17

2.2 Konflikten vorbeugen 17
Methoden und Strategien 19

2.3 Kompetenzen trainieren 22
Lernstufe 1 23
Lernstufe 2 27
Lernstufe 3 35

2.4 Konflikte bewältigen 40
Checkliste zur Selbstreflexion 41
Deeskalationsleiter 42

2.5 Lösungsstrategien 43
Maßnahmenschlüssel 44
Dokumentation 45

3 Materialien 46

Vorwort

Verhaltensauffälligkeiten und aggressives Verhalten bei Kindern und Jugendlichen haben in den letzten Jahren in den Schulen zugenommen. Die Hemmschwelle, Aggressionen durch Gewalt auszuleben, ist erheblich gesunken. Deeskalations- und Coolnesstrainingsmethoden wurden zu wichtigen Inhalten im Schulalltag. Auch Kinder im Grundschulalter haben schon häufig enorme Probleme, ihre Emotionen und Impulse zu steuern und zeigen verstörtes oder aggressives Verhalten durch körperliche Übergriffe. Die Vielschichtigkeit von gewalttätigen Verhaltensmustern fordert eine strukturierte und konsequente Handlungsweise, um den Schülern Halt und Sicherheit zu geben und ein Lernklima zu schaffen, in dem sie ihre Fähigkeiten sinnvoll nutzen können.

Durch ein frühzeitiges, effektives Konfliktmanagement und kreative Kompetenztrainingsmethoden können diese Verhaltensmuster korrigiert und durch andere Verhaltenskompetenzen ersetzt werden. Statt um Deeskalation sollten wir uns um Prävention bemühen. In jeder Altersgruppe sollte eine Kultur der gewaltfreien Konfliktlösung etabliert werden. Je früher damit begonnen wird, desto früher wird die Basis geschaffen für ein gewaltfreies und produktives Miteinander und voneinander Lernen. Zusätzlich muss eine intensive Elternarbeit die Bildungsarbeit begleiten.

Der vorliegende Band enthält neben den theoretischen Grundlagen im ersten Teil einen umfangreichen praktischen Teil. Zunächst geht es im zweiten Teil darum, verschiedene Störungsbilder bei einzelnen Schülern zu erkennen und anhand von **Diagnostikbögen** als Fördergrundlage zu dokumentieren. Im Weiteren werden Möglichkeiten aufgezeigt, **Konflikten** wirkungsvoll **vorzubeugen** bzw. **Methoden und Strategien** im Umgang mit verhaltensauffälligen Kindern **anzuwenden**.

Es folgt ein umfangreicher Maßnahmenkatalog mit Übungen zur Förderung von emotionalen, sozialen und kommunikativen Kompetenzen, die den Schülern helfen sollen, mit Konflikten umzugehen, eigene Lösungsstrategien zu finden und Emotionskontrolle und Sozialverhalten handlungsorientiert zu erarbeiten und zu festigen.

Die konkreten methodischen Anregungen zur Prävention und Kompetenzerweiterung sind in drei Lernstufen eingeteilt. Die Lernstufen sind so aufgebaut, dass man je nach Schulstufe entsprechend einsteigen kann.

Im Kapitel „Konflikte bewältigen" finden sich Anregungen für den täglichen Umgang mit schwierigen Schülern zur Erweiterung ihrer Methodenkompetenzen und zur Bewältigung von Konfliktsituationen. Mithilfe einer Checkliste zur Selbstreflexion sowie eines Notfallprogramms kann Konflikten wirksam begegnet werden.

Die Anregungen für einen Maßnahmenschlüssel im Kapitel „Lösungsstrategien" können individuell und je nach Schulstruktur umgesetzt werden. Es empfiehlt sich für jede Schule einen eigenen Maßnahmenkatalog zu erstellen, der dann für jede Klasse gilt und für die Schüler einen sicheren Rahmen darstellt.

Der dritte Teil des Bandes besteht aus einem Fundus an vielfältig einzusetzenden Materialien: Bild- und Textkarten, Arbeitsblätter, Dokumentationsbögen für die Schüler und vieles mehr.

Viel Erfolg bei Ihrer Arbeit wünscht Ihnen

Angela Hentschel

Danksagung

Zuerst möchte ich mich bei allen Schülerinnen und Schülern der Grundschule Wanheim (Duisburg) bedanken, die mir durch die Arbeit mit ihnen und die Erfahrungen, die ich dabei machen durfte, geholfen haben, dieses Buch zu schreiben.
Ganz herzlich möchte ich mich auch bei meiner Schulleiterin bedanken, die mit ihrem großen Einsatz und ihrem unermüdlichen Engagement allen Kindern das Gefühl vermittelt, mit ihren individuellen Persönlichkeiten und so verschiedenen Kulturen (wir unterrichten Kinder aus 14 Nationen) an unserer Schule angenommen zu sein.
Und nicht zuletzt geht mein Dank an meine lieben Kolleginnen und Kollegen, die mich in meiner Arbeit immer unterstützt haben.

1 Theoretischer Hintergrund

1.1 Inklusion als neue Herausforderung

Durch die Inklusion und die damit verbundene Vielfältigkeit an Schülern[1] wird sich das Gesamtbild an Gruppenstrukturen verändern. Dennoch bietet die Entwicklungsvielfalt eine große Chance, gemeinsam miteinander und voneinander zu lernen. Gemeinsames Lernen im inklusiven Unterricht heißt auch, genauer hinzuschauen, Ressourcen besser wahrzunehmen und die Weiterentwicklung von Kulturen und Strukturen in der Schule voranzubringen.

Gemeinsames Lernen heißt jedoch auch, die individuellen Lern- und Verhaltensstrukturen der Kinder zu berücksichtigen, Schwierigkeiten zu identifizieren und eine gewinnbringende Lernatmosphäre zu schaffen. Dies ist im Schulalltag oft schwer umzusetzen, da die Klassen immer noch zu groß sind und die Schüler aufgrund ihrer Verhaltensauffälligkeiten oftmals nicht in der Lage sind, sich in eine Lerngruppe zu integrieren. Dies bedeutet gleichzeitig eine erschwerte Situation, Lernstoff zu vermitteln.

Immer häufiger berichten Lehrer über die wachsende Frustration und Machtlosigkeit in ihrem Schulalltag. Sie erleben tagtäglich Schüler, die den Wissensstoff nur schwer erlernen und Konzentrationsstörungen haben, sowie Kinder, die emotional „unterernährt" Regeln in einer Gruppe nicht beachten können und immer wieder in Konfliktsituationen mit ihren Mitschülern geraten oder den Unterricht massiv stören.

Das Erlernen der Fähigkeiten, mit Emotionen und eigenen Gewalterfahrungen umzugehen, verlangt schon im Kindes- und Jugendalter ein behutsames und angemessenes Training. Unzureichende Konfliktlösungskompetenzen, eigene Gewalterfahrungen, ein ungünstiges soziales Umfeld und ein gestörtes Selbstbild führen häufig zu gewalttätigen Verhaltensmustern. Hinzu kommen Lernstörungen und Blockaden, die die Kinder daran hindern, eine gesunde, schulische Entwicklung zu durchlaufen. Sie haben vielfach nicht gelernt, miteinander zu kommunizieren und verbale Lösungsstrategien zu finden.

Theorie zur kindlichen Entwicklung

In der Arbeit mit Kindern ist es notwendig, grundlegende Entwicklungsstadien zu kennen. Die Entwicklung eines Kindes läuft auf verschiedenen Ebenen. Kenntnis darüber zu haben, kann helfen, Kinder mit Entwicklungsverzögerungen oder Störungen in den Bereichen Emotionalität und Soziabilität besser zu verstehen.

Die Geschwindigkeit der Entwicklung und Reife ist individuell und sehr unterschiedlich. Nach Jean Piaget (Schweizer Entwicklungspsychologe) beginnt sie für das Kind mit der **sensomotorischen Phase** (bis ca. 24 Monate). Hier werden angeborene Reflexe geübt. Durch erkennbare Reaktionen auf seine Handlungen lernt das Kind, komplexere Handlungsmuster zu entwickeln und zu variieren. Dies stellt einen Übergang zum Denken dar.

In dem **voroperationalen Stadium** (0,5–4 Jahre) lernt das Kind, sich in Bezug zu anderen zu setzen. Die Wahrnehmung konzentriert sich auf wenige Aspekte. Das kindliche Rollenspiel übernimmt eine wichtige Funktion.

Das **konkretoperationale Stadium** (4–8 Jahre) ermöglicht dem Kind, mehrere Eigenschaften gleichzeitig zu erfassen. Es kann sein Handeln reflektierend steuern und komplexere Zusammenhänge verstehen.
Ein Kind mit einer Entwicklungsstörung im Bereich Lernen oder geistige Entwicklung versteht komplexe Zusammenhänge zumeist nicht. Diese Kinder können in den meisten Fällen nicht zielgleich unterrichtet werden. Daher müssen die Lernangebote dem Entwicklungsalter und nicht dem Lebensalter angepasst sein. Ein handlungsorientierter, sich wiederholender Unterricht fördert die kognitiven Fähigkeiten und die Merkfähigkeit. Ebenso brauchen die Kinder mehr Zeit, ihre Aufgaben zu bewältigen. Kinder mit Störungen im Entwicklungsbereich emotionale und soziale Entwicklung haben oft Probleme im emotionalen Erleben und im sozialen Handeln. Sie sind häufig in ihrer Entwicklung gestört worden. Diese Kinder erleben ihre Umwelt als diffus und können Impulse nicht steuern oder filtern. Die damit verbundenen Lernschwierigkeiten erzeugen bei den Kindern Druck, mit dem sie dann nicht angemessen umgehen können. Die Folgen sind Konzentrationsstörungen, erhebliche Unruhe und wenig Selbstwertgefühl.

Im **formaloperationalen Stadium** (7–12 Jahre) entwickelt das Kind zunehmend die Fähigkeit, aus Beobachtun-

---

[1] Aufgrund der besseren Lesbarkeit wurde in diesem Buch durchgehend die männliche Form verwendet. Wenn von Schülern und Lehrern usw. gesprochen wird, sind natürlich ebenso die Schülerinnen und Lehrerinnen gemeint.

1 Theoretischer Hintergrund

gen Aussagen zu abstrahieren und logische und abstrakte Denkvorgänge zu steuern. Es entwickelt sich die Hypothesenbildung.

Kinder mit einem Förderbedarf im Bereich Lernen oder geistige Entwicklung haben große Schwierigkeiten, zu abstrahieren oder logische Zusammenhänge zu erfassen. Das Erlernte in den Alltag zu übertragen, gelingt häufig nur mit Unterstützung. Wichtig ist, dass die Leistungserwartung eines Lehrers den Möglichkeiten des Kindes entspricht und ein Lehrer nicht „enttäuscht" ist oder an sich zweifelt, wenn ein Kind „mal wieder" die Aufgabe nicht verstanden hat. Kinder mit Schwierigkeiten in den Bereichen Emotionalität und Soziabilität sind (meistens) in ihren Intelligenzleistungen nicht beeinträchtigt und können logische Denkprozesse steuern. Durch ihre Einschränkung in der Konzentrationsfähigkeit und die oftmals vorhandene motorische Unruhe jedoch, sind Lernfähigkeit und Auffassungsvermögen sowie differenzierte Aufnahmefähigkeit eingeschränkt.

Entwicklungsstörungen (Autismus, Sprachstörungen, Rechen- und Rechtschreibstörungen) bei Kindern können verschiedene Ursachen haben. Sowohl genetische als auch organische Faktoren sowie Umwelteinflüsse spielen hierbei eine Rolle.

Bei Störungen des Sozialverhaltens (die zweithäufigste Diagnose in der Kinder- und Jugendpsychiatrie) liegen die Ursachen in:
- Persönlichkeitsmerkmalen, Erziehungsverhalten (Gewalt, sexueller Missbrauch, Mangel an Zuwendung) und Sozialstatus der Eltern,
- genetischen Faktoren,
- organischen Faktoren (eher selten).

Die Ursachen der emotionalen Störungen sind nicht so bekannt. Sie sind häufig eine Folge von emotionalen Belastungen und Trennungserfahrungen.

Grundbedürfnisse von Kindern

Die Entwicklung eines Kindes ist ein fortschreitender Prozess von Wechselwirkungen. Individuell genetische Anlagen, Umwelteinflüsse, Familie, Schule und die individuelle Selbststeuerung spielen dabei eine große Rolle. Die Gruppe bzw. die Klasse ist, neben der Familie, ein wichtiger Faktor, der die Fähigkeiten, Kenntnisse und Einstellungen und die weitere Anpassung im Leben beeinflusst.

Die Grundbedürfnisse von Kindern lassen sich in sechs wesentliche Aspekte gliedern. Ihre Beachtung fördert in besonderem Maße die Entwicklung von emotional stabilen, willensstarken, aber auch einfühlsamen und sozial verantwortlichen Persönlichkeiten.

1. **Ich brauche deine Unterstützung!**
Klare Ansagen – Grenzen
Bis hierher und nicht weiter

2. **Ich halte mich daran!**
Sicherheit – Orientierung – Struktur
Normen, Werte, Regeln, Rituale

3. **Bitte nicht weggehen!**
Liebe – Nähe – Zugehörigkeit
Das Bedürfnis nach Gemeinschaft und Zusammenhalt

4. **Ich bin doch schon groß!**
Freiheit – Kontrolle – Einfluss
Das Bedürfnis nach Unabhängigkeit und Mitbestimmung

5. **Das ist voll geil!**
Spaß – Lernen – Spiel
Erkennen, dass lernen Spaß machen kann

6. **Schau doch mal, was ich kann!**
Erfolg – Bestätigung – Anerkennung
Seine Ressourcen erkennen und sich wichtig fühlen

1 Theoretischer Hintergrund

1.2 Kompetenztraining im Primarstufenbereich

Aggressionen und auffällige Verhaltensweisen von Kindern und Jugendlichen sind an fast allen Schulen zunehmend zu beobachten. So erleben die Jugendlichen selbst oft Schikanen, Mobbing, Drohungen und Gewaltanwendung von Mitschülern. Häufig in den Pausen oder nach der Schule, nicht selten auch während des Unterrichts.

Durch gezielte Lernsituationen kann eine soziale Orientierung nachhaltig gefördert werden. Jede gelungene Sozialisation eines jungen Menschen ist im besonderen Maße förderlich für die Zukunft der Gesellschaft. Ziel der Bildung in der Schule muss neben der Förderung von kognitiven und pragmatischen Fähigkeiten auch eine Förderung zur Persönlichkeitsentwicklung sein. Eine Heranbildung zu stabilen Persönlichkeiten, die in der Lage sind, soziale Verantwortung zu übernehmen, beziehungsfähig zu werden und sich nicht zu Drogenmissbrauch, Gewalt, Kriminalität und Extremismus verleiten zu lassen. Gerade unsichere Schüler mit wenig Selbstwertgefühl sind häufig stark manipulierbar. Daher ist eine Förderung in den Kompetenzbereichen Kommunikation, Emotionalität und Soziabilität für die Kinder und Jugendlichen besonders wichtig.

Festzuhalten ist, dass die Förderung zur Konfliktfähigkeit und sozialer und kommunikativer Kompetenzen als Gewaltprävention ein fester Bestandteil im Schulalltag sein sollte. Da dies jedoch einen sehr komplexen Bereich darstellt, wäre es umso bedeutender, wenn hier interdisziplinär gearbeitet werden könnte. Die Einbeziehung unterschiedlicher Fachdisziplinen wie zum Beispiel Therapie, Beratung und Coaching könnte eine entscheidende Ergänzung zum allgemeinen Unterricht sein. Die positive Beeinflussung von Einstellungs- und Verhaltensstrukturen ist ein Ziel der Präventivarbeit gegen Gewalt.

Kompetenztraining ist darauf ausgerichtet, Konfliktlösungen ohne Niederlage, zielgerichtete Kommunikationsmöglichkeiten, bewusste Kontrolle aggressiver Affekte und die Förderung von sozialen Verhaltensstrukturen zu entwickeln.

Die verschiedenen Kompetenzen

Kompetenzen implizieren Fähigkeiten und Kenntnisse, Bereitschaften und Haltungen, über die Schüler verfügen müssen, um Anforderungssituationen gewachsen zu sein. Beim Kompetenztraining im inklusiven Unterricht und in der Prävention von Gewalt sind folgende Kompetenzen zu fördern:

Emotionale Kompetenzen
- Die Fähigkeit, eigene Gefühle zu erkennen, sie einzuordnen und angemessen ausleben zu können
- Die Fähigkeit, Gefühle mit anderen teilen zu können
- Die Fähigkeit, sich selbst zu vertrauen
- Die Fähigkeit, anderen zu vertrauen

Die Auseinandersetzung mit Emotionen und Verhaltensstrukturen eröffnet den Schülern eine erweiterte Möglichkeit der Wahrnehmung, des Verstehens und Gestaltens. Sie lernen, Gedanken und Gefühle auszudrücken und einzuordnen. Unkontrollierte Ausbrüche von Gefühlen können durch die Präventivarbeit besser überprüft und verinnerlicht werden. Der Unterricht muss systematische und strukturierte Lerngelegenheiten bieten, damit vielfältige Erfahrungen mit entsprechenden Lernstrategien gemacht werden können.

Soziale Kompetenzen
- Die Fähigkeit, anderen zu helfen
- Respekt und Achtung vor Menschen zu haben
- Die Fähigkeit, eigene Ressourcen zu erkennen
- Die Fähigkeit, die Persönlichkeit anderer wertzuschätzen
- Die Fähigkeit zur Kooperation
- Die Fähigkeit, soziale Verantwortung zu übernehmen

Verantwortung übernehmen für andere Menschen sowie für die eigenen Handlungen, sind wichtige Voraussetzungen für den Erwerb von sozialen Kompetenzen. Handlungs- und problembezogenes Arbeiten muss im Unterricht initiiert werden. Interaktions- und Kooperationsübungen sowie Partnerarbeit unterstützen die sozialen Fähigkeiten und fördern ein selbstgesteuertes, kooperatives und kreatives Lernen.

1 Theoretischer Hintergrund

Kommunikative Kompetenzen
- Die Fähigkeit, mit anderen angemessen zu kommunizieren
- Konfliktgespräche führen können
- Ich-Botschaften ausdrücken können
- Die Fähigkeit zur Selbstreflexion
- Die Fähigkeit zu gewaltlosem Umgang mit Konflikten
- Die Fähigkeit zur Deeskalation und Vermeidung handgreiflicher Auseinandersetzung

Im Mittelpunkt der Kompetenzförderung steht unter anderem die produktive und zunehmend reflektierte Auseinandersetzung mit Sprache und Sprachgebrauch, mit Dialogtraining, Sharing und verbaler Streitkultur. Adressatenbezogenes und reflektiertes sprachlich-kommunikatives Handeln sind für das Zusammenleben in einer Gesellschaft unverzichtbar. Die Schüler erfahren etwas über die Bedeutung und Wirkung von verbaler und nonverbaler Sprache, erwerben die Fähigkeit, situations- und sachgerecht sprachlich zu handeln und verfügen über Sprache als gestaltendes Medium der Kommunikation. Intendiert sind die nonverbalen Möglichkeiten mit Symbolen, Gesten oder Gebärden.

Struktur des Curriculums

Der Band enthält ein Lehrprogramm, das ähnlich wie ein Spiralcurriculum aufgebaut ist und die einzelnen Kompetenzen in aufeinander folgenden Lernstufen angibt. Dieses Curriculum bezieht sich vorwiegend auf die Förderung der angegebenen drei Kompetenzbereiche und beschreibt einzelne Unterrichtssequenzen, die je nach Lerngruppe für einen Unterrichtsverlauf zusammengestellt werden können.

Im Unterricht soll der Aufbau von Kompetenzen systematisch erfolgen und vom Primarbereich bis zum Sekundarbereich aufbauend vermittelt werden. Die Anwendung des Gelernten muss in den Alltag übertragbar sein. Die Inhalte werden in handlungsorientierter Form vermittelt. Die Struktur des Curriculums weist prozessbezogene Kompetenzbereiche aus. Sie beziehen sich auf Methoden und Verhaltensstrukturen, die von den Schülern verstanden und angewandt werden sollen.

Dies sind zum Beispiel:
- Emotionen erkennen und kontrollieren können
- Verhaltensspezifische Methoden kennen und im Alltag nutzen können
- Wertschätzung und Anerkennung erleben und weitergeben
- Eine angemessene Gesprächs- und Streitkultur kennenlernen und anwenden
- Kooperation üben und handelnd erproben
- Zusammenhänge erarbeiten und erkennen sowie die Erkenntnis bei der Problemlösung nutzen
- Konstruktive Konfliktlösungsstrategien sowie Streitschlichtungsmethoden erlernen
- Erlernen von Kommunikationsformen
- Regeln im Schulalltag entwickeln und danach handeln

Bildungsbeitrag des Bereiches Kompetenzförderung (ESK-Training) in der Inklusion

Der Unterricht zur Förderung der emotionalen, sozialen und kommunikativen Kompetenzen leistet einen wesentlichen Beitrag zu einem gewaltfreien Umgang der Schüler untereinander, in der Schule und im eigenen Alltag. Daher empfiehlt es sich, die Kompetenzförderung im Sachunterricht oder als eigenen Unterrichtsbereich (ESK-Training) im Stundenplan zu platzieren und wöchentlich durchzuführen. In der Auseinandersetzung mit Gefühlen, dem respektvollem Umgang mit Mitmenschen und die Anbahnung von Konfliktlösungsmöglichkeiten entwickeln die Schüler Verständigungs- und Verhaltenskompetenzen, die ihnen helfen, die Welt zu erfassen, eigene Positionen und Werthaltungen einzunehmen und Verhaltensstrukturen zu verändern. Diese Haltung unterstützt die inklusive Sichtweise, verhilft dazu, inklusive Strukturen zu etablieren und inklusive Praktiken zu entwickeln. Mit anderen Worten, eine gleiche Wertschätzung gilt allen meinen Mitschülern und den Lehrern und fördert die Möglichkeit zum gemeinsamen Lernen.

Die Achtung gegenüber den Mitmenschen und das Verinnerlichen sozialer Verhaltensweisen sowie das Wissen um die eigenen Ressourcen sind eine zentrale Voraussetzung der Fähigkeit zum Lernen. Das Fach trägt zur Persönlichkeitsbildung bei und dient in besonderem Maße der Vermittlung von Werten, der Prävention von Gewalt und der Fähigkeit, soziale Verantwortung zu übernehmen.

Durch einen handlungsorientierten Unterricht können alle Schüler mit unterschiedlichen Lernvoraussetzungen voneinander und miteinander lernen, da jeder Schüler seine Fähigkeiten einbringen kann.

1 Theoretischer Hintergrund

Ziele der Kompetenzbildung

Es soll eine Bildung angestrebt werden, die die Schüler befähigt:
- zum angemessenen Umgang mit Gefühlen,
- zur Bereitschaft zur Kooperation und Kommunikation,
- zu einem angemessenen Verhalten im täglichen Umgang mit Mitmenschen,
- zu einem gewaltfreien Umgang mit anderen Menschen,
- zu einer persönlichen Werthaltung,
- zu einem Verantwortungsbewusstsein sich selbst gegenüber,
- zu einem Verantwortungsbewusstsein gegenüber seiner Mitwelt und Umwelt,
- zu einer möglichst realen Selbsteinschätzung,
- zu sozialer Verantwortung,
- zur Bereitschaft zur Anerkennung fremder Kulturen.

Unterrichtsgestaltung mit dem Curriculum

Die Bereiche Kommunikation, Sozialverhalten und Emotionalität sind eng miteinander verknüpft und sollen von den Schülern auch im Unterricht nicht isoliert, sondern integrativ erlebt werden. Im Bereich Kompetenztraining sind sachbezogenes, handlungsorientiertes und soziales Lernen untrennbar miteinander verbunden. Die Schüler sollen in der Schule erleben, dass ihre Erfahrungen, ihre Ideen und ihre Probleme bedeutsam sind und in der Kommunikation und im Handeln ernst genommen werden. Dazu gehört auch die Wertschätzung aller Beteiligten und das Annehmen verschiedener Persönlichkeiten.

Im Primarbereich bestimmen zunehmend Entwicklungs- und kulturelle Unterschiede im besonderen Maße den Unterricht und fordern Differenzierung und Individualisierung. Differenzierungsmöglichkeiten bestehen hinsichtlich der Ansprache, des Anforderungsniveaus, der Medienauswahl, der Zeitvorgabe und der Aufgabenstellungen. Das Nutzen verschiedener Räume kann sehr hilfreich sein.

Die Schüler müssen immer wieder die Möglichkeit haben, das Erlernte zu erproben und zu überprüfen. Eine kontinuierliche Wiederholung der Methoden und Übungen ist unbedingt erforderlich. Das Lernen soll kumulativ, d.h. aufbauend und erweiternd angelegt sein, um den Schülern ein fortschreitendes Lernen zu ermöglichen.
Im Klassen- und Schulleben ergeben sich viele authentische Situationen und Themen, die für das Lernen genutzt werden können.

Der Unterricht ist derart zu gestalten, dass das kooperative, soziale Lernen sowie das handlungsorientierte und problembezogene Arbeiten der Schüler initiiert werden. Die Schüler sollten in Problemsituationen den Raum für Einzelgespräche erhalten.

Die einzelnen Lernstufen des Curriculums sind so aufgebaut, dass sie individuelle Lernvoraussetzungen mit einbeziehen. Jeder kann sich so einbringen, wie er kann. Die Materialien sind durch Bilder und Symbole so gestaltet, dass sie leicht zu verstehen sind. Arbeitsblätter, die von Schülern nicht beschrieben werden können, werden in Partnerarbeit besprochen und von einem Partner ausgefüllt. Eine andere Möglichkeit ist, selbstständige Schüler alleine arbeiten zu lassen, während Schüler, die Hilfe brauchen, in Kleingruppen mit einem Lehrer arbeiten.

Anregungen für äußere Strukturen im inklusiven Unterricht

Eine wichtige Grundlage für den inklusiven Unterricht ist, den Klassenraum nach Möglichkeit (oftmals fehlen die finanziellen Mittel) so zu gestalten, dass eine angenehme Atmosphäre herrscht, dass der Lehrer alle Schüler gut im Blick hat und Möglichkeiten vorhanden sind, verschiedene Unterrichtsformen durchzuführen. Das bedeutet, die Tische so anzuordnen und beweglich zu halten, dass Folgendes möglich ist:
- Frontalunterricht,
- Arbeiten an Gruppentischen,
- eine Ecke für Kreisgespräche,
- Rückzugsmöglichkeiten für einzelne Kinder.

Es empfehlen sich Vierertische (unterstützt die Methoden des kooperativen Lernens), die farbig markiert sind (Beispiel: die blaue Gruppe, die grüne Gruppe). Die Unterrichtsanregungen in den einzelnen Lernstufen (siehe Lernstufen) fordern zur Durchführung verschiedene Sozialformen (Gruppenarbeit, Partnerarbeit, Großgruppe, Einzelarbeit). Ein abwechslungsreicher, in Bewegung bleibender Unterricht schafft Motivation, erleichtert die Konzentration und spricht in der Regel alle Kinder an. Bei bestimmten Unterrichtsangeboten kann man Schüler je nach Lernvoraussetzung an die farbig markierten Tische zusammensetzen.

Beispiel: Der blaue, gelbe und rote Tisch nimmt sich seine vorher erklärten Aufgaben von der Lerntheke (diese kann ein ständig vorhandener Tisch mit wechselnden Angeboten sein), der grüne Tisch bekommt seine (differenzierten)

1 Theoretischer Hintergrund / 2 Konfliktlösungen – ein Maßnahmenkatalog

Aufgaben direkt vom Lehrer mit individuellen Erläuterungen. An dem blauen, gelben und roten Tisch gibt es je einen Tageshelfer (wird täglich neu festgelegt), der nach Bedarf den Schülern am grünen Tisch oder am eigenen Tisch helfen darf. Es empfiehlt sich nicht, unruhige, „schwierige" Kinder alleine ganz nach vorne oder nach hinten zu setzen. Sie geraten dadurch häufig aus dem Blickfeld des Lehrers und fühlen sich isoliert und einsam (was sie im Grunde ihres Herzens ohnehin schon sind). Es findet sich sicherlich ein Tischnachbar, der die „Helferrolle" eine Zeit lang übernehmen kann. Dann wird wieder gewechselt. Manche Kinder haben auch Probleme mit der Lautstärke oder lassen sich, wenn sie am Fenster sitzen, von zu vielen Reizen ablenken. Diese Beobachtungen sollten im Diagnostikbogen (s. S. 13) festgehalten werden, damit die Gegebenheit eventuell verändert werden kann (Kopfhörer – ein Platz, der wenige Reize bietet).

Die Hausaufgaben sollten möglichst auch individuell gestaltet werden. Nicht jeder Schüler schafft das gleiche Pensum. Nicht jeder bekommt die gleiche Unterstützung von zu Hause. Die Lehrererwartung, dass täglich alle Hausaufgaben von allen gleich gemacht werden müssen, schafft nur Frust und wird nach Erfahrung im Schulalltag selten erfüllt.

Aufgaben der Fachkonferenz

Die Fachkonferenz erarbeitet einen schuleigenen Arbeitsplan, bezogen auf die individuellen Entwicklungen der Schüler. Der Arbeitsplan ist regelmäßig zu überprüfen und weiterzuentwickeln. Die Fachkonferenz trägt somit zur Qualitätsentwicklung und Qualitätssicherung bei.

Die Fachkonferenz

- erarbeitet Unterrichtseinheiten und bildet eventuell homogene Lerngruppen,
- trifft Absprachen über Medien, Methoden und Materialien,
- erstellt einen Maßnahmenkatalog, der für alle Klassen gilt,
- initiiert und fördert Anliegen bei schulischen und außerschulischen Aktivitäten (Nutzung außerschulischer Lernorte, Besuch von Institutionen, Besichtigungen),
- entwickelt ein Konzept über die Elternarbeit,
- entwickelt ein Fortbildungskonzept für die Lehrkräfte.

2 Konfliktlösungen – ein Maßnahmenkatalog

2.1 Störungsbilder erkennen

Die Vielfältigkeit individueller Bedürfnisse und Lernvoraussetzungen werden besonders im inklusiven Unterricht deutlich und können kreativ genutzt werden, da jeder von jedem lernen kann. Diese Schulentwicklung bringt jedoch gleichzeitig eine Vielfalt von individuellen Lebenssituationen und sozialen Voraussetzungen der Schüler mit sich, die neben der Vermittlung von Lernstoff auch pädagogisch und diagnostisch dem Lehrer vieles abverlangen. Daher kann es sehr hilfreich sein, sich mit den verschiedenen Förderbedarfen und den damit verbundenen Unterrichtssituationen auseinanderzusetzen. Immer mehr Kinder zeigen Lernstörungen oder haben große Schwierigkeiten, sich in größeren Klassen zu konzentrieren und zu integrieren. Diese Situation führt häufig zu Unterrichtsstörungen oder gar zu körperlichen Auseinandersetzungen und Konfliktsituationen. Je besser ein Lehrer gerüstet ist mit methodischen Möglichkeiten, desto sicherer kann er handeln und desto entlastender ist der Schulalltag.

Prävention kann vieles bewirken, doch lassen sich Konflikte und Störungen auch im Unterricht nicht immer verhindern. Ob eine bestimmte Schülerhandlung eine Störung bedeutet, kann nicht nur individuell bewertet werden. Dennoch muss der Lehrer selbst entscheiden, bis zu welcher Grenze er Störverhalten ignorieren und ab wann er gezielte Maßnahmen einsetzen sollte.

Zu unterscheiden sind Verhaltensauffälligkeiten von Verhaltensstörungen.

Verhaltensauffälligkeiten äußern sich durch kurzfristige Arbeitsverweigerung, aggressives Verhalten, z. B. bei Bemerkungen anderer, oder durch veränderte Aufmerksamkeit. Dieses Verhalten kann durch bestimmte Situationen ausgelöst werden (Verlust eines Angehörigen, Trennung der Eltern, Geburt eines Geschwisterkindes, Beziehungstrennung etc.).

Verhaltensstörungen liegen vor, wenn ein gewohnheitsmäßiges „Fehlverhalten" festzustellen ist, zum Beispiel bei regelmäßigen Arbeitsverweigerungen, Wutausbrüchen oder unkontrollierten körperlichen Angriffen. Man spricht dann von habitualisierten Störungen. Keine vorausgegangene äußere Situation ist der Anlass, sondern das Kind selbst ist der Problemträger, ausgelöst durch innere Konflikte oder ungünstige soziale Bedingungen. Oft sind es einsame Kinder, die auf eine hilflose, aggressive Weise auf sich aufmerksam machen oder so Kontakt zu

2 Konfliktlösungen – ein Maßnahmenkatalog

anderen suchen, also Kinder, die sich ständig streiten, sei es um einen Platz, ein Blatt oder einen Stift. Sie brauchen Sicherheit und Vertrauen und um dies zu bekommen, testen sie oft die Grenzen eines Lehrers aus. Wenn sie genügend Klarheit und Zuverlässigkeit erfahren haben, erst dann können sie Vertrauen fassen.

Dies bedeutet für Lehrer und Eltern **unbedingt einzuhalten**,
- was man vorgegeben hat,
- einmal verlangt und
- angekündigt hat und
- nicht nachlassen bei Anforderungen.

Wichtig ist, in Konfliktsituationen sofort zu intervenieren und sich nicht nach der Schuldfrage zu erkundigen, sondern erfragen, wie es dem Schüler gerade geht. Gemeinsam mit ihm erarbeiten, welche Konsequenzen sein Verhalten erfährt und dies unbedingt einhalten. (Es müssen nicht immer Strafen, sondern können auch besondere Aufgaben sein.)
Eine gute Beziehungsebene und eine positive Zuwendung sind äußerst wichtig.

Die im Folgenden dargestellten Diagnostikbögen sollen helfen, sich einen besseren Überblick über einzelne Schüler zu verschaffen und die Klassensituation deutlicher wahrzunehmen.

Die fünf Eskalationsstufen

Nach Gert Lohmann gibt es fünf Eskalationsstufen (s. S. 12). Sie können helfen, die Probleme eines Kindes besser zu erkennen und dann auch entsprechend zu reagieren, wenn man das Kind einer Stufe zuordnen kann.

Diagnostikbogen Kompetenzen

Um mit den unterschiedlichen Lern- und Verhaltensvoraussetzungen der Schüler besser arbeiten zu können, kann eine diagnostische Beschreibung zu den einzelnen Kompetenzbereichen sehr hilfreich sein (s. S. 13).

Diagnostikbogen Vorlieben / Abneigungen (Ressourcen)

Eine andere Form der diagnostischen Dokumentation und Erkennung von Ressourcen ist der Satzergänzungsbogen (s. S. 14, frei nach Grüttner, 1980, 24/25).
Die Schüler beenden auf der rechten Spalte den Satz nach ihren Vorstellungen. Man arbeitet mit jedem Schüler einzeln.

Diagnostikbogen Allgemeine Beobachtungen

Die allgemeinen Beobachtungen sind eine weitere Form der Dokumentation aus der Perspektive der Beziehungsebene zwischen Lehrer und Schüler, d.h., wie nehme ich den Schüler wahr, wie sind meine nächsten Schritte, was kann ich in bestimmten Situationen tun? Auf dieser Grundlage ist es leichter, individuelle Förderpläne zu machen und angebotene Handlungsmöglichkeiten einzusetzen.

Referenztransformation

In die erste Spalte der Tabelle trägt der Lehrer das Verhalten des Schülers ein. In der zweiten Spalte wird hinterfragt, ob auch ein positiver Aspekt hinter dem Verhalten liegt und in der dritten Spalte ob ein mögliches Ziel dahinterstecken könnte. Diese Transformation kann helfen, eine andere Sichtweise auf einen Schüler zu erhalten. Dies führt zu einer ruhigeren und verständnisvolleren Haltung.

2 Konfliktlösungen – ein Maßnahmenkatalog

Die fünf Eskalationsstufen

Stufe	Anzeichen	Handlungsmöglichkeiten
Stufe 1 Beeinträchtigung	Der Schüler … – ist in manchen Augenblicken unaufmerksam. – ist zu Beginn der Stunde unruhig, bis er sich geordnet hat. – zeigt leichte Unruhe. – kramt länger in der Tasche herum.	Mögliche Reaktion: – Ignorieren. – Nonverbale Aktionen durchführen (den Schüler wortlos umsetzen). – Entscheidungen treffen, ohne Kommentar.
Stufe 2 Unterbrechung	Der Schüler … – steht öfter auf, um etwas zu holen. – kommt häufiger zu spät. – wackelt mit dem Stuhl. – möchte etwas sagen, was nicht zum Unterricht gehört.	Mögliche Reaktion: – Die Situation kurz ansprechen und klären. – Die Störung aufgreifen und kreativ miteinbeziehen.
Stufe 3 Verhinderung	Der Schüler … – läuft durch die Klasse. – stört den Unterricht durch ständige Bemerkungen. – kann sich nicht konzentrieren. – gerät durch sein Verhalten immer wieder in Konfliktsituationen. – kann die Lautstärke der Klasse nicht ertragen und stört.	Mögliche Reaktion: – Hier müssten die Gründe für die Störungen analysiert werden. Frühzeitig klären. Es könnte sein, dass zwei Schüler immer wieder in Konflikt geraten, weil sie in Konkurrenz zueinander stehen. – Ohrenschützer können helfen.
Stufe 4 Verhaltensauffälligkeit	Der Schüler … – kann sich nur schwer in eine Lerngruppe integrieren. – beleidigt ständig seine Mitschüler. – macht häufig Geräusche. – steht in einem sichtbaren inneren Verhaltenskonflikt. – kann nicht abwarten, bis er an der Reihe ist. – kann Regeln nur bedingt einhalten. – verhält sich situativ bedingt abweichend.	Mögliche Reaktion: – Klare Regeln setzen und erinnern. – Konsequenzen unbedingt transparent machen und einhalten. – Einzelgespräche führen. – Sofort reagieren, wenn sich die Störung anbahnt.
Stufe 5 Verhaltensstörung	Der Schüler … – verweigert regelmäßig die Arbeit. – verlässt unaufgefordert die Klasse. – stört durch ständiges, lautes Reinrufen in den Unterricht. – verhält sich aggressiv gegenüber Lehrern und Schülern. – kriecht in der Klasse auf dem Boden, ist hyperaktiv. – ist depressiv, hat Angst zu antworten. – schiebt einen Stuhl durch die Klasse.	Mögliche Reaktion: – Dieses Verhalten ist nicht unbedingt abhängig von einer Situation, sondern tritt plötzlich und immer wieder auf. Die Auslöser sind oft nicht beobachtbar. – Problemgespräch mit allen beteiligten (Schüler, Lehrer, Eltern) führen. – Interdisziplinäre Hilfe in Anspruch nehmen (Schulpsychologe, Therapeuten). – Plan nach schulinternem Maßnahmenschlüssel erstellen (s. S. 44).

2 Konfliktlösungen – ein Maßnahmenkatalog

Diagnostikbogen
Kompetenzen

Name: _____ Klasse: _____

Emotionale Kompetenz

Emotionale Stabilität
Beispiele:
ausgeglichen, schnell wütend, ängstlich, (keine) Frustrationstoleranz

Psychomotorik
Beispiele:
starke motorische Unruhe, antriebsarm, aggressiv, gehemmt

Aufmerksamkeit
Beispiele:
unkonzentriert, leicht ablenkbar, ausdauernd, hohe/geringe Motivation, braucht Ruhe, fordert ständig Aufmerksamkeit

Selbstbewusstsein
Beispiele:
realistisch, über-/unterschätzend, schwankend

Soziale Kompetenz

Kooperationsfähigkeit
Beispiele:
dominant, aktiv, zurückhaltend, angemessen, unterordnend

Regelverhalten
Beispiele:
hält Regeln (meistens) ein, übertritt Regeln oft/selten, kein Regelverständnis

Stellung in der Klasse
Beispiele:
ausgegrenzt, wenig beachtet, anerkannt, beliebt, gefürchtet

Kommunikative Kompetenz

Dialogfähigkeit
Beispiele:
kann sich (nicht) auf Zweiergespräche einlassen, findet (keine) verbale(n) Lösungsstrategien, kann Gesprächsregeln (nicht) einhalten

Körpersprache
Beispiele:
kann Körpersprache verstehen, erkennt Gefühle an der Mimik, setzt Körpersprache (angemessen) ein, Körpersprache und gesprochene Sprache sind kongruent

2 Konfliktlösungen – ein Maßnahmenkatalog

**Diagnostikbogen
Vorlieben / Abneigungen (Ressourcen)**

Name: _____ Klasse: _____

Ich mag gerne …
Die glücklichste Zeit ist …
Zu Hause …
Das Beste ist …
Ich fühle …
Meine größte Angst …
Ich kann nicht …
Andere Menschen …
Ich bin sehr …
Was mich ärgert …
Manchmal …

2 Konfliktlösungen – ein Maßnahmenkatalog

Diagnostikbogen
Allgemeine Beobachtungen

Name: _____   Klasse: _____

1. Welche Verhaltensweisen und Entwicklungsaspekte habe ich festgestellt?

   _____
   _____
   _____
   _____

2. Welche Ressourcen hat das Kind?

   _____
   _____
   _____
   _____

3. Was fällt mir bei dem Kind besonders positiv auf?

   _____
   _____
   _____
   _____

4. Welche Verhaltensweisen möchte ich verändern?

   _____
   _____
   _____
   _____

2 Konfliktlösungen – ein Maßnahmenkatalog

5. Handelt es sich hierbei um
   - ☐ eine Verhaltensauffälligkeit, die ich als Lehrer im Unterricht bewältigen kann?
   - ☐ eine Störung, bei der ich professionelle Hilfe brauche?

6. Wenn eine Störung vorliegt, welche Institution kann mir helfen?
   (Störungen unterscheiden sich in Stärke und Häufigkeit des Auftretens und können nur von außen behandelt werden. Daher im interdisziplinären Kompetenzteam besprechen.)

   _____

   _____

7. Wie kann ich in akuten Situationen reagieren?

   _____

   _____

   _____

   _____

8. Woran will ich in der nahen Zukunft speziell arbeiten?

   _____

   _____

   _____

   _____

9. Sonstige Anmerkungen

   _____

   _____

   _____

   _____

2 Konfliktlösungen – ein Maßnahmenkatalog

Referenztransformation

Negatives Verhalten	Mögliche positive Aspekte des Verhaltens	Mögliches Ziel hinter dem Verhalten
Beispiele:	Der Schüler …	Der Schüler …
Der Schüler ruft immer in die Klasse.	– hat viele Ideen. – ist spontan und hat keine Angst zu sprechen.	– möchte sich selbst aufwerten. – möchte nicht vergessen werden.
Der Schüler verweigert zeitweise die Mitarbeit.	– kann erkennen, wann die Situation ihn überfordert.	– möchte nicht frustriert sein. – möchte nicht durch Fehler auffallen.
Der Schüler kann seine Wut oft nicht kontrollieren.	– kann Gefühle empfinden. – ist unsicher und kann es auf seine Art zeigen.	– möchte sich ausdrücken und seine Gefühle mitteilen.

2.2 Konflikten vorbeugen

Konflikten vorbeugen durch präventives Arbeiten kann Deeskalationssituationen überflüssig machen. Daher ist es wichtig, den Weg der achtsamen Pädagogik zu gehen und die Basis für ein gewaltfreies und produktives Miteinander zu schaffen.

Auf dem Weg zu einer achtsamen Pädagogik sind vier Aspekte von grundlegender Bedeutung:
1. Aufmerksamkeit (für äußere und innere Vorgänge, sowohl bei meinem Gegenüber als auch bei mir selbst)
2. Präsenz (Gegenwärtigkeit, Klarheit)
3. Selbstreferenz (Verstehen des Wahrgenommenen)
4. Achtung (freundlich zugewandte, akzeptierende, nicht [ver-]urteilende Haltung zum Wahrgenommenen)

(vgl. Altner, N. [2006]: Achtsamkeit und Gesundheit. Auf dem Weg zu einer achtsamen Pädagogik, Bd. 26. Immenhausen: Prolog-Verlag)

Durch ein effektives Konfliktmanagement und kreative Kompetenztrainingsmethoden können Verhaltensauffälligkeiten frühzeitig beeinflusst, korrigiert und durch andere Verhaltenskompetenzen ersetzt werden.

Im Folgenden werden Anregungen und Möglichkeiten im täglichen Umgang mit verhaltensauffälligen Kindern und Jugendlichen beschrieben.

2 Konfliktlösungen – ein Maßnahmenkatalog

Referenztransformation

Negatives Verhalten	Mögliche positive Aspekte des Verhaltens	Mögliches Ziel hinter dem Verhalten

2 Konfliktlösungen – ein Maßnahmenkatalog

Methoden und Strategien

... für die ganze Klasse

- Den Schülern Raum und Zeit geben, vor dem Unterricht Konfliktgespräche zu führen. Dazu eignen sich Kreisgespräche in der Klassenecke oder in der speziell für Klassengespräche vorgesehenen Sitzecke. Manchmal reicht es auch, wenn die Kinder ausnahmsweise einmal auf ihren Tischen sitzen dürfen, um das Besondere dieser Gespräche herauszustellen.
  a) morgens:
   Was habt ihr zu Hause erlebt?
   Gibt es etwas, das euch beschäftigt und das ihr jetzt besprechen möchtet?
  b) nach der Pause:
   Gab es in der Pause einen Konflikt oder Probleme, die wir jetzt klären können, bevor wir mit dem Unterricht beginnen?

- Gemeinsame Regeln für die Klasse aufstellen, z. B.
  a) Jedes Kind hat das Recht, in Ruhe zu lernen.
  b) Jeder Lehrer hat das Recht, in Ruhe zu unterrichten.
  c) Wenn ich unruhig bin, habe ich die Möglichkeit, mich zurückzuziehen.
  d) Wenn ich mich auf dem Schulhof prügele, muss ich dafür Verantwortung übernehmen und eventuell entsprechende Sanktionen annehmen (die Sinn machen!).
  e) Ich muss für mein Handeln immer Verantwortung übernehmen.
  f) Wenn ich schlecht drauf bin, werde ich ernst genommen und bekomme eine Auszeit.
  g) Weitere Regeln können mit der Lerngruppe erarbeitet werden.

- Die Schüler bei Konflikten miteinander zum Dialog bringen, wenn diese kommunikative Form geübt wurde (siehe M 12). Sie sollen sich gegenseitig sagen, was sie stört oder wütend gemacht hat und was sie jetzt brauchen. Während des Dialoges sollten sich die Schüler unbedingt anschauen.

- Die Schüler selbst Lösungen bzw. alternative Handlungsstrategien finden lassen. Dies kann im Vorfeld in Übungssequenzen geübt oder in der Situation direkt angewendet werden.

- Handlungsorientiertes Arbeiten ermöglichen (z. B. Stationentraining).

... für einzelne Schüler

- Mit den Schülern, die Verhaltensprobleme haben, gemeinsam persönliche Ziele festlegen. In einem kleinen „Rundengespräch" kann man mit den entsprechenden Schülern für jeden einzelnen ein Ziel formulieren, das er sich in sein Stärkenhaus (M 7) eintragen kann.

- Jeden Schüler ermutigen, seine Gefühle auszudrücken bzw. zu sagen, wie es ihm geht.

- Mit den Schülern Situationen sammeln, in denen sie besonders angespannt, aggressiv oder unruhig sind.

- Nachfragen, was diese Unruhe oder Aggression auslöst. Man kann dazu auch malen lassen.

- Wenn ein Schüler nur im zeitlich begrenzten Rahmen arbeiten kann, ihm anbieten, nach Uhr (oder Time Timer) zu arbeiten und nach der abgelaufenen Zeit Freiarbeit zu machen (siehe Phasen-Tagesplan M 9).

- Wenn ein Schüler im Unterricht extrem stört, kann es helfen, den Unterricht abzubrechen und sein Verhalten mit der Klasse in Ruhe zu thematisieren. (Dies kann jedoch nicht zur Regel werden.)

- Im Gespräch mit einem Schüler ist es manchmal hilfreich, auch auf seine Ebene zu gehen:
  – sich körperlich kleiner zu machen,
  – sich dorthin zu begeben, wo der Schüler gerade ist,
  – sich danebenzusetzen während eines ruhigen Gesprächs.

2 Konfliktlösungen – ein Maßnahmenkatalog

- Sitzordnung anpassen. Es empfiehlt sich nicht, schwierige Kinder „auszusondern" und alleine ganz nach hinten oder vorne zu setzen. Nachfragen, welcher Schüler bereit ist, eine Zeit lang diesem Schüler zu helfen. Die Sitzordnung kann dann nach einem bestimmten Zeitraum wieder verändert werden.

- Besprechen und handelnd erarbeiten: Was mache ich, wenn meine Wut kommt?

… für den Lehrer im Unterricht

- Gemeinsames Anfangsritual vor dem Unterricht durchführen (sich im Stehkreis begrüßen, Befindlichkeitsrunde o. Ä.).

- Pausensituation im Vorfeld besprechen (z. B. im Stehkreis zu Beginn der Stunde oder als Abschluss einer Stunde). Schüler, die besonders in den Pausen Schwierigkeiten haben, können einen Pausenplan bekommen, in den sie ihre „Spielabsichten" eintragen.

- Ritualisierte Unterrichtsabläufe schaffen (z. B. stehende Begrüßung, Besprechung des Tagesplans, Befindlichkeitsabfrage).

- Klassenregeln durch Wiederholen festigen. Die Regeln sind auf einem Plakat festgehalten und werden täglich vorgelesen. Man kann auch jede Woche **eine** Regel heraussuchen und diese als Wochenregel festhalten. Sie wird dann morgens im Stehkreis als laute Post weitergegeben.

- Schüler genau beobachten. Dazu könnten Karteikarten helfen, die für jeden Schüler angelegt werden. Ein mit Datum versehener Eintrag zu bestimmten Situationen kann helfen, sich einen Überblick über die Klassensituation zu verschaffen.

- Kontrollinstanzen und Helfer bestimmen (z. B. Selbstkontrolle, Partnerhilfe).
Manche Schüler haben das Gefühl, sie werden nicht oft genug drangenommen oder andere werden öfter berücksichtigt. Dann bekommen sie einen laminierten Bogen, auf dem eine Namensliste ist, die dann entsprechend angekreuzt werden kann (z. B. Marcus ist heute dreimal drangekommen – ich eigentlich auch?). Lob und Ermutigung aussprechen (auch bei kleinen Erfolgen).

- Ohrenschützer bereitstellen. Manche Kinder werden unruhig, weil sie den Lärmpegel der Klasse nicht ertragen können. Dies erfährt man häufig im Einzelgespräch. Es gibt preiswerte, große Ohrenschützer, die dem Kind helfen, den Lärm gedämpfter wahrzunehmen.

- Bewegungsmöglichkeiten anbieten (bei sehr unruhigen Kindern darf auch stehend gearbeitet werden oder die Kinder dürfen auf einem Ball sitzen).

- Den Arbeitsplatz klar strukturieren. Manche Kinder sind sehr unstrukturiert und können ihren Arbeitsbereich nicht überblicken. Für sie liegen nur Materialien auf dem Tisch, die gerade gebraucht werden.

- Persönliche Ziele visualisieren. Einige Kinder brauchen klare, übersichtliche Ziele, die eng gesteckt sind. Mit ihnen kann ein Wochenziel erarbeitet und auf den Phasenplan geschrieben werden. Mein Wochenziel z. B.: Ich kann 20 Minuten konzentriert mitarbeiten. Danach beschäftige ich mich selbst, ohne zu stören.

- Nach Time Timer arbeiten. Der Schüler muss eine bestimmte Zeit konzentriert arbeiten. Unterstützt im vorigen Punkt das Wochenziel.

- Mit einem Partner arbeiten. Partnerarbeit ist eine wichtige Methode, um soziales Verhalten und Verantwortung zu übernehmen. Dies fällt vielen Kindern schwer und muss schon früh angebahnt werden. Dazu eignen sich Aufgaben in fast jedem Unterricht. Es wird vor dem Unterricht festgelegt, wer wem heute hilft.

2 Konfliktlösungen – ein Maßnahmenkatalog

- Laufaufgaben (innerhalb des Schulgebäudes) ermöglichen. Wenn ein Schüler auf seinem Stuhl unruhig wird und droht, die Lerngruppe zu stören, kann man ihn mit einem Auftrag, der in Anlehnung an den Unterricht gestellt wird, durch das Schulgebäude schicken.

- An der eigenen Fragetechnik arbeiten: keine Du-Botschaften senden, sondern ein Sharing (ich erlebe dich … / mich stört es, dass …) geben.

- Doppelbesetzungen nutzen, um Schülern aus den Konfliktsituationen zu nehmen und im Einzelgespräch wieder auf die Unterrichtssituation vorzubereiten.

- Interaktionsspiele zur Förderung kommunikativer und sozialer Kompetenzen durchführen. Wenn nötig, auch spontan. Selbstwertgefühl und Ich-Identität sind wichtige Faktoren für verhaltensauffällige Kinder.
  Damit rechnen, dass sich Verhaltensauffälligkeiten auch verschlechtern können. Den Entwicklungsprozess abwarten können. (Eigene Schwächen lassen sich auch nicht von heute auf morgen verändern.) Kinder brauchen Zeit, um Veränderungen leben zu können. Es ist wichtig, dass ein Lehrer nicht an sich zweifelt, wenn diese Verhaltensänderungen beim Kind auf sich warten lassen.

- Statt strafen: zuhören, nachfragen, ernst nehmen!

… für den Lehrer in der Pause

- Genaues Beobachten der Schüler (z. B. in welcher Stimmung der Schüler in die Pause geht).

- Besprechen und Befragen der Schüler (z. B. was der Schüler in der Pause machen möchte bzw. was er sich für die Pause vornehmen möchte).

- Möglichkeiten zum Ausagieren schaffen. Eine Kiste oder ein Container mit Spielangeboten ist dabei sehr hilfreich. Viele Kinder reagieren aggressiv, auch aus Langeweile. Ein Klassenball oder ein Klassenspringseil sind sehr beliebt.

- Ruhezonen einrichten. In der Gesamtkonferenz müsste beschlossen werden, ob es für die Pause Rückzugsräume gibt, die dann auch beaufsichtigt werden müssen. Eine mit Matten ausgelegte Pausenhalle kann auch helfen.

- Spiele für die Pause vorschlagen. Manche Kinder wissen nicht, wie sie die Pause gestalten sollten. Ein Kreativtag zur Aufstellung von Spielmöglichkeiten könnte mit den Kindern gemeinsam konzipiert werden. Jeder macht Vorschläge, die dann gesammelt werden.

- Einen Partner mitschicken (der z. B. beruhigend einwirken könnte).

- Die Aufsicht informieren, welche Schüler in den Pausen Schwierigkeiten haben.

2 Konfliktlösungen – ein Maßnahmenkatalog

2.3 Kompetenzen trainieren

Der Kompetenzunterricht in der Schule berücksichtigt die sozialen, verbalen und emotionalen Kompetenzen der Kinder. Er will Strategien und Methoden als Orientierung im sozialen Leben anbahnen. Eine gezielte, präventive Arbeit soll den Schülern helfen, Aggressionen und Emotionen zu kontrollieren, angemessen zu kommunizieren und einen gewaltfreien Umgang miteinander zu üben.

Die im Lehrplan vorgegebenen Themen lassen sich den Schwerpunkten zuordnen:
- **emotionale Kompetenzen,**
- **soziale Beziehungen und Fähigkeiten,**
- **kommunikative Kompetenzen.**

Durch handlungsorientiertes Lernen in Form von Kooperationsübungen, Rollenspielen und gezielten Methoden kann angemessenes Sozialverhalten geübt werden.

Der Aufbau ist in Form eines Spiralcurriculums angeordnet und beginnt mit der Lernstufe 1. Danach folgen die Lernstufen 2 und 3. Der Unterricht sollte regelmäßig in Form von ein bis zwei Wochenstunden im Stundenplan platziert sein.

Die im Folgenden zu den einzelnen Lernstufen angegebenen Methoden und Strategien sind Beispiele, die aufeinander aufbauen. Es geht hier um ein Grundlagentraining und Emotionsregulation zur Konfliktvermeidung und um die Anwendung von Lösungsstrategien bei Konflikten. Für den Unterricht können die jeweiligen Angebote für jede Lerngruppe individuell zusammengestellt und mit der ganzen Klasse durchgeführt werden. So kann zum Beispiel ein drittes Schuljahr mit der Lernstufe 2 beginnen, je nach Voraussetzung der Lerngruppe, und findet dort die entsprechenden Unterrichtsangebote.

Innerhalb der drei Lernstufen werden einzelne Übungen wiederholt aufgeführt. Denn gerade auch kontinuierliches Wiederholen und Üben schafft Sicherheit und eventuell auch Verhaltensänderung!

Projektwochen zum Thema Kompetenztraining könnten als Einstieg in die Arbeit helfen.

2 Konfliktlösungen – ein Maßnahmenkatalog

Lernstufe 1

Lernziele
- Spracherweiterung
- Förderung des Sprachverständnisses
- Kommunikationsformen kennenlernen
- Gesprächsregeln kennen und einhalten
- Gedanken formulieren
- Eigenidentität
- Selbstwertgefühl
- Anbahnen von Partnerarbeit
- Gefühle erkennen und kommunizieren können
- Körper und Gefühl erfahren

Emotionale Kompetenzen

- Tägliche **Rituale mit Gefühlskarten** durchführen: Wie geht es mir?
  Auf den Karten sind verschiedene Gesichter mit den entsprechenden Gefühlen abgebildet. Jeder Schüler kann sich im Kreisgespräch zu seinen augenblicklichen Gefühlen äußern (M 1).

- **Spiele mit Gefühlskarten** einsetzen
  Beispiel: Jeder Schüler erhält eine Karte. Alle sitzen im Kreis. Es gibt einen Stuhl weniger als Mitspieler. Ein Kind steht in der Mitte und ruft: „Alle, die ein lachendes Gesicht haben, tauschen die Plätze." Das Kind in der Mitte versucht, auch einen Stuhl zu ergattern. Wer übrig bleibt, muss als Nächster in die Mitte und eine andere Gefühlskarte benennen (M 1).

- **Gefühle in Situationen** verbal oder mit Mimik und Körperhaltung ausdrücken
  Der Lehrer schildert verschiedene Situationen. Wer das entsprechende Gefühl durch Gestik und Mimik ausdrücken möchte, geht in die Mitte und macht es vor.

- Mit **Fotos** oder **Bildern** dokumentieren oder schriftlich festhalten: Was kann ich alles gut? Die Schüler können Fotos mitbringen oder Bilder malen und dazu erzählen.

- **Im Spiel festhalten:** Wie fühle ich mich in bestimmten Situationen?
  Die Schüler spielen Situationen nach und sprechen über ihre Gefühle und was sie bei negativem Empfinden anders machen würden, um sich besser zu fühlen.

- Als **Clown** Gefühle pantomimisch darstellen
  Wer möchte, kann nach vorn kommen oder in die Mitte des Kreises und zwei verschiedene Gefühle als Gegensatz pantomimisch darstellen. Gefühlskarten (M 2) und weiße Theaterschminke könnten dabei helfen.

- Alle möglichen Gefühle im Gespräch zusammentragen
  Diese können an der Tafel (oder auf ein Plakat) geschrieben werden (M 2).
  Mithilfe des Arbeitsblattes (M 8) können sich die Schüler mit ausgewählten Gefühlen intensiver beschäftigen. Am Ende werden alle **Abbildungen** angeschaut. Wer möchte, kann über seine Gefühlsfarben sprechen.

- Erfahrungen thematisieren: **Was mache ich, wenn ich wütend bin?**
  Im Kreisgespräch erzählen die Schüler von ihrem Verhalten bei Wut. Gemeinsam werden Möglichkeiten (z. B. Verhaltensweisen oder Reaktionen, die dem Schüler in der Situation helfen, die Wut in den Griff zu bekommen) an der Tafel gesammelt.

2 Konfliktlösungen – ein Maßnahmenkatalog

- **Tricks** kennenlernen und in der Gruppe oder mit einem Partner ausprobieren
  Beispiele: tief durchatmen, Hände in die Tasche stecken, weggehen, einen Wutball kneten, stampfen (M 5).

- **Rollenspiele** durchführen
  Verschiedene Konfliktsituationen werden angespielt und die zuvor thematisierten Lösungsmöglichkeiten erprobt. Jeweils zwei Schüler spielen, alle anderen schauen zu. Hinterher werden die Ergebnisse diskutiert.

- Für einzelne, unstrukturierte Kinder einen **Phasenplan** erstellen
  Bestimmte Aufgaben können in einer bestimmten Zeit erledigt werden (M 9).
  Beispiel: 1. Stunde, Zeitfenster: 10 Minuten, Aufgabe: einen Text abschreiben.

- **Wochenerfolge** mit Smileys in einem Stärkehaus dokumentieren.
  Für die einzelnen Aspekte werden täglich Smileys eingetragen (M 7).

Soziale Kompetenzen

- Übungen zur **Eigenidentität**
  Wer bin ich? Wie sehe ich aus? Wie heiße ich? Was kann ich alles?
  Im Kreisgespräch kann jeder Schüler darüber sprechen. Jeder legt ein „Ich-Buch" an, das frei gestaltet werden kann (M 19).

- Übungen zur **Wahrnehmung** der Gruppe
  Wer ist der Größte? Wer hat die längsten Haare? Wer hat welche Augenfarbe?
  Die Fragen können spielerisch gelöst werden. Alle laufen in der Klasse umher und müssen sich nach den vorgegebenen Kriterien aufstellen.

- Übungen zur **Wahrnehmung** von Einzelnen
  Wie heißen meine Mitschüler?
  Eine Decke wird von zwei Schülern in der Mitte des Raumes hochgehalten. Auf jeder Seite der Decke nimmt nun je ein Schüler Platz. Nach einer kurzen Konzentrationsphase wird die Decke fallen gelassen. Dann müssen beide Schüler schnell den Namen des anderen sagen, der ihm gegenüber sitzt. Wer ist schneller?

- **Helferspiele** durchführen
  Auf dem Schulhof oder in der Klasse wird ein kleiner Parcours mit Stühlen und Eimern etc. aufgebaut. Jeder sucht sich nun einen Partner. Schüler A führt Schüler B mit verbundenen Augen durch den Klassenraum oder das Schulgelände. Anschließend wird über das Erlebte gesprochen.

- **Aufgaben mit Partner** erledigen
  Ich helfe dir und du hilfst mir, z. B. den Tisch vor dem Unterricht für die Materialien vorbereiten, den Kakao holen.

- **Partnerziele** festlegen
  Wer ist mein Freund oder Partner in der Klasse? Wir können unser Ziel nur erreichen, wenn wir in dieser Woche gemeinsam daran arbeiten.

- **Klassenziele** festlegen
  Nur gemeinsam in der Gruppe kann ein Ziel erreicht werden. Jede Woche werden Smileys in einen großen Bogen eingetragen, wenn einzelne Ziele erreicht wurden. Beispiel: „In den nächsten zwei Wochen werden wir niemanden in unserer Klasse beleidigen." Wurde gemeinsam eine bestimmte Anzahl an Smileys erreicht, gibt es dafür eine Belohnung (z. B. einen Klassenausflug, einen Klassenball).

- Wahl des **Klassensprechers**
  Es empfiehlt sich, einen Klassensprecher zu wählen. Je nach Klassenstufe kann dieser durch geheime Zettelwahl gewählt werden.

2 Konfliktlösungen – ein Maßnahmenkatalog

Kommunikative Kompetenzen

- Regelmäßige **Befindlichkeitsrunden** im Sitzkreis initiieren
  Wer hat was erlebt und wie geht es ihm?
  Die Schüler können in einer festgelegten Zeitspanne darüber reden. Vorher wird ein „Zeitwächter" bestimmt, der angibt, wann die Zeit vorbei ist.

- **Wünsche** verbalisieren
  Die Schüler tragen ihre Wünsche vor der Gruppe vor und schreiben sie an die Tafel oder auf ein Wunschplakat. Es können Wünsche an die ganze Gruppe oder an einzelne Mitschüler sein. (Für Kinder, die noch nicht schreiben können, gibt es Bildkarten, die der Lehrer mitgebracht hat.)

- **Wünsche** in Form von Symbolen zeigen
  Für Kinder, die sich verbal schlecht ausdrücken können, ließen sich Symbole finden. Beispiel: Der Wunsch nach Hilfe und Unterstützung durch Mitschüler kann folgendes Symbol haben:

- Einfache **Zweiergespräche** anbahnen
  Die Schüler sollen miteinander kommunizieren. Aufgabe: „Finde einen Partner und erzähle ihm, was du gestern erlebt hast. Danach hörst du deinem Partner zu. Versucht, leise zu sprechen, damit ihr die anderen nicht stört." Die Ergebnisse können im Plenum erzählt werden.

- Erste **Ich-Botschaften** formulieren
  Beispiele: Wünsche, Bedürfnisse, Beschwerden.
  Die Schüler werden immer wieder korrigiert, wenn sie einen Satz **nicht** mit „**ich finde – möchte – wünsche mir**" oder „**ich denke …**" beginnen. Die Formulierungen müssen im Gesprächskreis erprobt werden.

- **Gesprächsregeln** kennen und einhalten
  Beispiele: abwarten, ausreden lassen, zuhören.
  Die Regeln an die Tafel schreiben oder auf einem Plakat festhalten und in die Klasse hängen.

- Einen Redestab oder eine **Redekarte** im Kreisgespräch benutzen
  Wer etwas erzählen möchte, erhält die Redekarte und gibt sie danach weiter.

- Im praktischen Alltag gezielte Ansprachen einsetzen
  Beispiele: seinen Partner mit Namen ansprechen, Blickkontakt halten und ihn um etwas bitten.

- **Blickkontakt** üben
  Alle Schüler stehen im Kreis. Ein Ball wird im Wechsel von einem Schüler zum nächsten geworfen. Dabei gilt folgende Regel: „Sprich den Schüler, dem du den Ball zuwerfen willst, deutlich mit Namen an. Schau ihn an und warte, bis ihr Blickkontakt habt. Dann kannst du ihm den Ball zuwerfen." Dabei wird immer die gleiche Reihenfolge eingehalten und das Wurfritual wiederholt.

- Im Gespräch **Blickkontakt** einhalten
  Wiederholt üben und sich gegenseitig darauf aufmerksam machen.

- **Fotos der Klassenkameraden** zuordnen
  Jeder darf alte Babyfotos von sich mitbringen. Im gemeinsamen Gespräch werden die Fotos zugeordnet.

- **Sprechanlässe** durch Bildkarten, Bilderbücher oder Streitbilder finden
  Was ist passiert? – Man kann selbst gestellte Situationen zu Gewaltthemen fotografieren oder in anderen Medien suchen und darüber diskutieren oder Situationen erläutern.

- Kleine **Rollenspiele** zum Thema „Streit" durchführen
  Bei den Rollenspielen kann es um Dialogsituationen gehen und wie daraus ein Streit entsteht.

- **Nonverbale Kommunikation** üben, Körpersprache und Mimik erkennen
  Beispiel: Scharade spielen. Ein Schüler erhält eine Karte, auf dem ein Begriff steht. Er muss diesen Begriff vor der Klasse pantomimisch darstellen. Alle Schüler raten, um welchen Begriff es sich handelt.

2 Konfliktlösungen – ein Maßnahmenkatalog

Beispiel für einen Stundenverlauf aus der Lernstufe 1

Phase/Methode	Situations- und Handlungsabfolge	Sozialform	Material
Einstieg (10 Min.)	Befindlichkeitsrunde im Sitzkreis: Wer hat was erlebt und wie geht es ihm? Die Schüler können in einer festgelegten Zeitspanne darüber reden. Vorher wird ein „Zeitwächter" bestimmt, der angibt, wann die Zeit vorbei ist.	Kreisgespräch	Redekarte (Zeichnung S. 60 Redende Figur von Bild 2)
Aufwärmspiel (5 Min.)	**Spiele mit Gefühlskarten** einsetzen Beispiel: Jeder Schüler erhält eine Karte. Alle sitzen im Kreis. Es gibt einen Stuhl weniger als Mitspieler. Ein Kind steht in der Mitte und ruft: „Alle, die ein lachendes Gesicht haben, tauschen die Plätze." Das Kind in der Mitte versucht, auch einen Stuhl zu ergattern. Wer übrig bleibt, muss als Nächster in die Mitte und eine andere Gefühlskarte benennen.	Kreisspiel	Stühle Gefühlskarten (M 1)
Aufgabenstellung I (5 Min.)	Alle möglichen Gefühle werden zusammentragen Diese können an der Tafel (oder auf ein Plakat) geschrieben werden.	Vierergruppen	Zettel Stifte
Dokumentation (5 Min.)	Am Ende werden alle Abbildungen angeschaut. Wer möchte, kann über seine Gefühlsfarben sprechen.	Schüler können an den Vierertischen bleiben	Tafel Magnet oder Haftis
Aufgabenstellung II (15 Min.)	Jeder Schüler erhält ein Arbeitsblatt und bearbeitet es nach Vorgabe.	Einzelarbeit	Arbeitsblatt (M 8) Buntstifte Wachsmalstifte
Abschluss Reflexion (5 Min.)	Kurze Rückmeldung (wer möchte…) Hinweis, dass die Bilder in der nächsten Stunde besprochen werden.	Freiwillige Meldungen	keine

2 Konfliktlösungen – ein Maßnahmenkatalog

Lernstufe 2

Lernziele
- Entwickeln von Gesprächskulturen
- Erfahren, dass Regeln helfen können
- Regeln verstehen und einhalten können
- Zuhören können
- Lösungsorientiertheit erfahren
- Dialoge führen können

Emotionale Kompetenzen

- **Klassenziele** festlegen
  Nur gemeinsam in der Gruppe kann ein Ziel erreicht werden. Für gute Aktionen in der Klasse gibt es Punkte oder Smileys. Wurde gemeinsam eine bestimmte Anzahl an Smileys erreicht, gibt es eine Belohnung (z. B. einen Klassenausflug oder ein Spiel) für die ganze Klasse. Die Punkte müssen sichtbar auf einem Plakat gesammelt werden. Weitere Beispiele: Alle Schüler bekommen die Aufgabe, die Mitschüler in der Pause oder im Unterricht innerhalb einer Woche zu beobachten. „Coole" oder „gute" Situationen eines Mitschülers werden aufgeschrieben und in eine Zettelbox geworfen. Am Ende der Woche wird diese ausgewertet und dokumentiert.

- Wahl des **Klassensprechers**, falls das noch nicht gemacht wurde.

- **Streit schlichten** üben
  Welche Möglichkeiten habe ich, um anderen bei einem Streit zu helfen?
  In Gruppen erarbeiten und besprechen:
  1. Die Streitenden verbal stoppen.
  2. Ruhephase anordnen.
  3. Beide erklären oder schreiben lassen.
  4. Lösungen erörtern.
  5. Wir üben: Konflikt lösen in sechs Schritten (M 12).

- **Körpersprache** richtig deuten
  Dazu können Symbole oder gestellte Fotos von Schülern helfen, die man vorher gemacht hat. Im Dialog schaut ein Partner z. B. in eine andere Richtung, ein Schüler steht mit drohender Geste vor einem anderen Schüler.

- Übungen zu **Körperhaltung und Körpersprache**
  1. Verschiedene Körperhaltungen erarbeiten.
  2. Körperhaltungen interpretieren.
  3. Was kann ich daraus erkennen?
  4. Mit Körperspannung arbeiten.

- **Ich-Kompetenzen** definieren: Wie sehe ich mich? Wie sehen die anderen mich?
  Jeder Schüler kann ein Foto von sich mitbringen. Im Kreisgespräch äußert sich jeder freiwillig zu seinem Bild und seinen Kompetenzen.

- **Wertschätzung** der eigenen Stärken und der Stärken anderer
  1. Im Kreisgespräch erörtern.
  2. Auf Arbeitsblättern: Was fällt dir ein, wenn du an deinen Tischnachbarn denkst?
  3. Jeder schreibt eine positive Eigenschaft über seinen Nachbarn auf eine Karte und gibt sie ihm mit dem Satz: „Ich schenke dir diese Karte, weil du ... so hilfsbereit bist."

- **Aufstellung** (Soziogramm) visualisieren
  1. Wo stehe ich in der Klasse?
  2. Wie stehe ich zu meinen Mitschülern?
  3. Wie stehe ich zu der Kleingruppe?
  Aufstellung kann z. B. mit Holzfiguren auf einer Fläche oder im Raum durchgeführt werden. Alternative: Jeder schreibt seinen Namen auf einen Zettel. Die Schüler legen ihren Namen auf ein großes Plakat. Wer liegt neben wem?

- Das **Ergebnis** der Aufstellung thematisieren
  Ist es gut oder sollte sich etwas ändern? Möchte jemand gerne seinen Zettel neben einen anderen

2 Konfliktlösungen – ein Maßnahmenkatalog

legen? Was können wir tun, damit Schüler X nicht so alleine am Rand steht?

- **Was möchte ich in der Klasse ändern?**
  Jeder Schüler hat dazu die Möglichkeit aufzuschreiben, was ihm in der Klasse gefällt/nicht gefällt und was er ändern möchte (M 20).

- Die **eigenen Grenzen** und die der anderen im Spiel kennenlernen
  Stopp-Spiele: Zwei Schüler stehen sich gegenüber. A schließt die Augen. B geht langsam auf A zu, bis dieser „stopp" sagt. Dann muss B sofort stehen bleiben. „Grenzen nicht überschreiten": Zwei Schüler versuchen, den Partner über eine Linie zu ziehen.

- **Gefühle** ausdrücken
  Verschiedene Gefühle stehen auf Textkarten (M 2). Jeder Schüler zieht eine Karte, erklärt das Gefühl und woher er es kennt.

- **Störempfindungen mitteilen**
  Was stört mich? Wo sind meine **Grenzen?**

- **Beleidigungen** oder **Schimpfwörter** sammeln
  Die Schüler notieren lesbar (!) auf Zetteln, welche Beleidigungen und Schimpfwörter sie kennen. Die Ausdrücke werden zusammengetragen und danach sortiert, welche erklärt werden können und welche vom eigentlichen Sinn her Erklärungsbedarf haben.

- Die **Bedeutung** der Beleidigungen und Schimpfwörter klären
  Die Bedeutungen werden im Plenum besprochen. Danach werden die Zettel vernichtet.

- **Mit Beleidigungen umgehen**
  Von bisher genutzten **Strategien** erzählen, ohne diese Strategien zu bewerten.

- **Reaktionen** des Gegenübers schildern
  Was passiert, wenn ich andere beleidige?

- Positive und negative Eigenschaften verbal ausdrücken
  Spiel: **Ich finde …**
  Zwei Schüler stehen sich gegenüber und jeder sagt dem anderen im Wechsel, was er gut findet und was ihn am anderen stört.

- **Positive Eigenschaften** schriftlich formulieren
  Die Schüler finden im Losverfahren einen Partner. Sie schreiben sich gegenseitig Karten, was sie an dem anderen schätzen und malen etwas dazu. Anschließend werden die Karten im Sitzkreis verteilt. Alle Schüler gehen nacheinander zu ihrem jeweiligen Partner, überreichen ihm die Karte und sagen ihm, was sie an ihm gut finden, mit den Worten: „Ich habe die Karte für dich gemacht, weil …"

- **Interaktives Malen**
  Die gesamte Klasse malt gemeinsam an einer großen Leinwand. Jeweils immer zwei Kinder dürfen gleichzeitig malen, die anderen schauen zu. Nach festgelegter kurzer Zeitspanne werden sie von zwei anderen Schülern abgelöst Es gibt keine thematische Anbindung. Jeder malt, was er fühlt. Es geht um ein gemeinsames Erlebnis und ein gemeinsam gestaltetes Produkt.

- **Alle Gefühle, die wir kennen, werden noch einmal** zusammentragen und an die Tafel (oder auf ein Plakat) geschrieben. Jeder Schüler wählt zwei Gefühle aus. Er kann darüber schreiben oder zu jedem **Gefühl gestalten** oder malen. Beispiel: Von dem kleinen Ärger zur großen Wut. Wie sieht mein Wutbild aus? Wann steigert sich meine Wut?

- Auf kleine **Steine** negative Gefühle und Handlungen schreiben
  Beispiele: schlagen, boxen, treten, Wut. Anschließend werden die Steine in einen Rucksack gelegt. Jeder darf ihn einmal tragen und spüren, wie schwer diese Dinge auf dem Rücken sind.

- Alle mit Negativgefühlen beschrifteten Steine werden in die **„Tonne"** geworfen: Wir wollen versuchen, uns nicht mehr damit zu belasten.

- Nach **Aktionen** über Gefühle reden
  Warum sind manche Gefühle so schwer? Wollt ihr über Situationen reden?

2 Konfliktlösungen – ein Maßnahmenkatalog

Soziale Kompetenzen

- **Wut** visualisieren
 Was mache ich mit meiner Wut?
 Wut-Situationen suchen und Möglichkeiten finden, mit der Wut umzugehen.

- Einen **Lösungskatalog** aufschreiben
 Welche Lösungsstrategien kennen wir? Welche Strategien sind geeignet und können in Wut-Situationen angewendet werden?

- Problem definieren: der **heiße Stuhl**
 Wer möchte, kann sich vor die Klasse setzen und über ein aktuelles Problem sprechen. Die Gruppe sucht gemeinsam nach Lösungsmöglichkeiten.

- **Kooperationsspiele** durchführen
 1. Dreibeinlauf: Drei Schüler stehen nebeneinander. Die Beine des in der Mitte Stehenden werden mit dem rechten und linken Bein der außen Stehenden mit einem Seil zusammengebunden. Die Gruppe muss nun versuchen, eine Strecke zu gehen. Dies funktioniert nur mit Absprache.
 2. Turmbau: In der Kleingruppe einen Kartonturm bauen, der nicht umfallen darf.
 3. Dreieck legen: Mit großen Seilen gemeinsam ein Dreieck legen, nur durch verbale Abstimmung. Das Seil wird auf den Boden gelegt, in dem die Schüler sich gegenseitig Anweisungen geben.

- Kooperative Übung „**Spinnennetz**"
 Die Schüler bilden einen Kreis und halten sich an den Händen. Nun können sich alle weit nach hinten legen – keiner darf loslassen, weil sonst alles zusammenbricht. Die Schüler erfahren spielerisch: Wir können uns gegenseitig halten.

- Ein **Bewegungsritual** in der Gruppe festlegen
 Beispiel: einen Bewegungskreis zum „Ich bin Ich"*
 durchführen. Zu jedem Punkt können einzelne Bewegungen gefunden bzw. gemacht werden (M 21). Wenn die Schüler den Ablauf kennen, reicht ein Durchgang.

 * Frei nach Udo Baer

- **Klassenregeln** festhalten
 Die auf M 6 angegebenen Regeln können vom Lehrer im Kreisgespräch den Schülern vermittelt werden. Sie werden einzeln auf Zettel geschrieben und auf einem Plakat dokumentiert. Dies kann durch Ergänzungen der Schüler erweitert werden.

- **Regelspiele** spielen
 Regelspiele sollten zwischendurch immer wieder gespielt werden. Dazu finden sich etliche in Spielebüchern. Sie helfen den Kindern, im Spiel das Verlieren und Gewinnen nach Regeln zu lernen und Frustrationstoleranz aufzubauen. Außerdem machen sie deutlich, dass man Regeln braucht, um sich in vielen Bereichen zurechtzufinden.

- Den Sinn von Regeln erkennen
 Die Schüler berichten im Kreisgespräch von eigenen Erlebnissen und Erfahrungen. **Erklärungen** werden gefunden und auf einem Plakat visualisiert. Beispiel: Verkehrsregeln eignen sich dazu gut. Was würde passieren, wenn die Autos die Straßenseite benutzen würden, die ihnen am besten gefällt?

- Ein eigenes **Regelbuch** erstellen
 Beispiel: Regeln für ein Kampfspiel gemeinsam aufstellen, in dem mit Schaumstoffröhren oder Zeitungsschwertern gekämpft wird (M 23).

- **Regeln einhalten**
 Wie können wir uns gegenseitig helfen?
 Beispiel: Wenn mein Tischnachbar eine Aufgabe nicht verstanden hat, dann helfe ich ihm. Wenn er sein Radiergummi vergessen hat, kann er meines mit benutzen.

- Sich gegenseitig **positive Wahrnehmungen** sagen
 Beispiel: „Ich fand gut, dass du …" Diese Aussagen können von Schüler erbeten werden, wenn z. B. ein Schüler etwas vorgelesen hat oder sein Ergebnis aus dem Kunstunterricht zeigt. Die Mitschüler werden angehalten, den entsprechenden Schüler zu loben. „Ich fand gut, wie du die Geschichte gelesen hast."

2 Konfliktlösungen – ein Maßnahmenkatalog

- Einen **Streit** nachspielen
  Schüler finden von außen Lösungen. Streitsituationen in Lernstufe 1 können ganz andere Inhalte haben als in Lernstufe 2. Daher empfiehlt es sich, noch einmal solche Situationen nachzuspielen. Nur im „Erleben" kann den Schülern bewusst gemacht werden, was Konfliktsituationen bedeuten. Lösungen werden von außen besser erkannt.

- **Störempfindungen visualisieren**
  Was stört mich in unserer Gruppe/Schule? Die Schüler können auf Zettel schreiben, was sie in der eigenen Lerngruppe am meisten stört. Die Zettel werden im Kreisgespräch in die Mitte auf den Boden gelegt und eventuell nach Gewichtigkeit oder Überschneidungen geordnet. Das Ziel wird auf einem separaten Bogen festgehalten. Beispiel: **„Wir beleidigen uns nicht."** Die Schüler überlegen sich, was sie als Erstes tun können, um ihr Ziel zu erreichen. Der erste Schritt wird unter das Ziel geschrieben.

- „Laute **Regelpost**" spielen
  Die Schüler sitzen im Kreis. Im Gegensatz zu dem Spiel „stille Post" werden hier Regeln laut im Kreis weitergesagt, z. B. „ich beleidige niemanden".

- **Partnerziele festlegen**
  Wer ist mein Freund oder Partner in der Klasse? Wir können unser Ziel nur erreichen, wenn wir in dieser Woche gemeinsam daran arbeiten. Die Ziele in Lernstufe 2 differieren im Vergleich zu Stufe 1. Hier geht es nicht nur darum, zusammenzuarbeiten, sondern um eine gemeinsame Zielfindung.

- Eigenen Probleme durch einen **Verstärkerplan** entgegenwirken
  Wenn einem Schüler etwas gut gelungen ist oder er sein Wochen- oder Stundenziel erreicht hat, bekommt er einen Smiley oder ein Sternchen in seinen Verstärkerplan, ähnlich wie beim Stärkenhaus (M 7). Die Ziele können jedoch individuell eingetragen werden. Bei manchen Schülern muss dies jedoch auf nur ein oder höchstens zwei Wochenziele heruntergebrochen werden.

- Rollenspiele durchführen
  Zwei Schüler spielen eine vorgegebene Situation. Beispiel: Schüler A geht auf dem Bürgersteig und wird von Schüler B angepöbelt, er solle gefälligst die Straßenseite wechseln, da der Bürgersteig ihm (Schüler B) gehöre. Was passiert? Wie verhält sich Schüler A? Was würde passieren bei verschiedenen Reaktionen? Die Schüler diskutieren nach dem Spiel über die Möglichkeiten und welche ihrer Meinung nach die beste ist.

  Es können weitere Situationen gespielt werden.

  – Eine **Projektwoche zum Thema: „Coolness"** durchführen
    Sie könnte folgende Inhalte haben:
    Den Begriff **„cool** sein" beleuchten
    Die Schüler schreiben auf Zettel, was „cool sein" aus ihrer Sicht bedeutet.
    Die Definitionen werden zusammengetragen, an der Tafel visualisiert und im Plenum besprochen.

  – Das eigene „coole" Verhalten reflektieren
    Die Schüler überlegen: Wann habe ich mich in der letzten Woche „cool" verhalten? Was habe ich eventuell dadurch verhindert/erkannt? Jeder erhält einen Zettel und schreibt auf. Die **Auswertung** erfolgt im gemeinsamen Gespräch. Wichtig ist, dass die Schüler immer wieder im Schulalltag daran erinnert werden, ihr Verhalten auf das Thema „Coolness" hin zu reflektieren und zu üben.

  – Übungen zur **Wahrnehmung** durchführen – Wochenaufgabe:
    Die Schüler beobachten sich gegenseitig, wie sie sich im Laufe der Woche auf dem Schulhof oder in der Klasse verhalten haben und schreiben Situationen (und Namen) auf, in denen sie glauben, dass sich ein Mitschüler „cool" verhalten hat. Die Zettel werden in einer Box gesammelt. Am Ende der Woche wird die Zettelbox geleert und alle Eintragungen werden vorgelesen. Die Klasse wertet nun aus und jeder, auf den „cooles Verhalten" (Beispiel: Schüler A hat Schüler B geholfen, die Sachaufgabe zu lösen) zutrifft, erhält auf der Klassenliste (M 17) einen Smiley. Nach vier Wochen wird gezählt, wie viele Smileys die ganze Klasse gesammelt hat. Dies könnte man auch im Vergleich mit einer anderen Klasse starten.

  – Eine Urkunde für die „coolsten" Schüler der Schule oder ein **Button** „Ich bin cool" könnte auch eine Belohnung sein.

2 Konfliktlösungen – ein Maßnahmenkatalog

- **Abschluss: Interaktives Malen**
  Zum Abschluss des Themas „Coolness" malt die gesamte Klasse gemeinsam an einem großen Bild. Wir sind eine „coole" Klasse ... Eine Tapetenrolle auf den Boden legen. Alle Schüler setzen sich darum herum und malen gleichzeitig.

- **Das Ich stärken**
  Die Schüler **sammeln Sätze** zur Stärkung des Ichs. Jeder schreibt seine Sätze auf einen Zettel. Beispiele:

  Ich schaffe es:
  ... mich nicht aufzuregen.
  ... zuzuhören.
  ... ruhig zu bleiben.
  ... nach Lösungsmöglichkeiten zu suchen.
  ... erst nachzudenken, dann zu handeln.
  ... nicht zu schlagen.

  Ich kann:
  ... zuhören.
  ... anderen helfen.
  ... in Konfliktsituationen ruhig bleiben.

  In dieser Stunde wird anschließend darüber diskutiert. Wer möchte, kann seine Sätze vorlesen.

  Nächste Aufgabe: Unterstreiche, was du in dieser Woche konkret schaffen möchtest und erzähle es deiner Tischgruppe.

- Die **eigenen Grenzen** testen – Distanz des anderen akzeptieren
  Stopp-Spiel im Flur oder einem größeren Raum: Zwei Schüler stehen sich gegenüber. Schüler A schließt die Augen. Schüler B geht langsam auf Schüler A zu, bis dieser „stopp" sagt. Dann muss Schüler B sofort stehen bleiben. Jeder berichtet anschließend darüber, was er dabei empfunden hat. War es schwer, das „STOPP" des anderen zu akzeptieren? Warum ist das wichtig? Dann werden die Rollen getauscht.

- Mit Konflikten umgehen (Selbstreflexion)
  Die Schüler erhalten ein Arbeitsblatt (M 18). Sie berichten im Kreisgespräch darüber, was sie wirklich ausprobiert haben, um mit Konflikten angemessen umzugehen, aber auch über Erfolge und Misserfolge.

- Gründe für einen Streit erarbeiten (M 10)
  Welche Gründe kann es für Streit geben? Wann gerate ich in einen Streit?

Kommunikative Kompetenzen

- **Gruppengespräche** fortführen
  Die Schüler können in Kleingruppen über Erfahrungen vom Wochenende oder den Ferien oder Situationen vom Vortag sprechen, um die Kommunikationsfähigkeit zu fördern und zu lernen, wie Gespräche in Gruppen zu führen sind. Beispiel: Einer erzählt, die anderen hören zu und können in abgesprochenen Augenblicken nachfragen.

- **Gesprächsregeln (im Dialog oder Gruppengespräch)** kennen und einhalten
  Beispiele: abwarten, ausreden lassen, zuhören. Dies muss im Zweiergespräch immer wieder geübt werden. Dazu können auch Themen aus dem Sachunterricht genutzt werden. **Regeln** (in der Gruppe/in der Klasse) erarbeiten.
  Was ist uns in unserer Lerngruppe besonders wichtig? Haben sich unsere Regeln verändert?

  Sind neue hinzugekommen? Können wir bestimmte Regeln **alle** sicher einhalten?

- Den **Sinn von Regeln** erkennen
  Was passiert, wenn wir die Regeln nicht einhalten? Die Erfahrungen werden im Kreisgespräch besprochen und auf einem Plakat visualisiert. Was bedeutet das vor allem für neue Regeln?

- Ein eigenes **Regelbuch für ein Spiel** erstellen
  Beispiel: Regeln für ein Kampfspiel gemeinsam aufstellen, in dem mit Schaumstoffröhren oder Zeitungsschwertern gekämpft wird (M 23). Kampfspiele kann man in der Turnhalle durchführen oder in einem Stuhlkreis, wenn die Klasse groß genug ist. Den Kampfraum kann man wie einen Boxring mit einem Seil auf dem Boden begrenzen.

2 Konfliktlösungen – ein Maßnahmenkatalog

- Ein Spiel nach den selbst erstellten Regeln **spielen**
  Die von den Schülern aufgestellten Regeln werden im Spiel erprobt und ggf. verändert oder erweitert.

- Eine „**Regel der Woche**" festhalten
  Mit den Schülern gemeinsam wird eine „Regel der Woche" bestimmt, mit der alle einverstanden sind. Diese muss konsequent eingehalten werden. Beispiel: Wir sagen „bitte", wenn wir etwas von unseren Mitschülern haben wollen.

- „Laute **Regelpost**" spielen
  Die Schüler sitzen im Kreis. Im Gegensatz zu dem Spiel „stille Post" wird die Wochenregel noch einmal laut im Kreis weitergesagt.

- Ein **Gespräch** beginnen
  Wie spreche ich jemanden an, wenn ich etwas möchte?
  Gemeinsam werden Vorschläge erarbeitet und visualisiert. Beispiel: Darauf sollte ich achten: Wie ist meine Körperhaltung? Welche Worte wähle ich? Wie ist der Tonfall oder die Lautstärke?

- **Gezielte Ansprachen** im praktischen Alltag einsetzen
  Die Schüler sprechen einen Partner mit Namen an, halten den Blickkontakt und bitten ihn um etwas. Dabei auf das Erarbeitete achten: Körperhaltung, Tonfall, Wortwahl. Dies kann in kleinen Gruppen oder im Stehkreis geübt werden.

- **Übung zum Thema „Zuhören"**
  Was heißt gut bzw. schlecht zuhören? Zwei Schüler sitzen sich gegenüber. Sie befinden sich innerhalb eines Stuhlkreises aller Schüler. Aufgabe: Schüler A: Erzähle deinem Partner von einem Problem. (Es kann fiktiv oder aktuell sein.) Wie reagiert dieser? Wie zeigt er, ob er ein guter oder schlechter Zuhörer ist? Die Übung kann mit zwei weiteren Schülern wiederholt werden.

- Einzelne **Thesen zu der vorigen Übung** in Form einer Mindmap innerhalb einer Tischgruppe aufschreiben. Was habt ihr festgestellt? Wie ist das Gespräch gelaufen? Hätte etwas anders sein müssen? Anschließend werden die Ergebnisse jeder Gruppe an die Tafel geschrieben und erörtert.

- Schülervorschläge von „gut" bzw. „schlecht" zuhören **besprechen**
  Die Kopiervorlagen M 3 und M 4 werden den Schülern als Grundlage vorgestellt, die einzelnen Aspekte vorgelesen und besprochen. Welche Aspekte wurden in der Übung berücksichtigt?

- **Angefangene Satzaussagen** weiterführen
  Jeder Schüler zieht einen Zettel aus einer Dose (vom Lehrer vorbereitet) mit einer bestimmten Aussage als Satzanfang. Die Schüler lesen jeweils ihren Satzanfang der Reihe nach vor und beenden ihn gleichzeitig nach ihren Wünschen. Beispiel: „Ich möchte nicht …" „…dass mich jemand beleidigt."
  Die Zettel mit den Satzanfängen machen die Runde, damit jeder einmal einen Satz zu Ende führen kann.
  Beispiele für Satzanfänge:
  Ich möchte nicht …, Ich kann nicht …, Ich möchte …, Ich wünsche mir …

  Wünsche zu haben, heißt auch: „Ich tue nicht …"
  Beispiel: Ich möchte nicht beleidigt werden … ich beleidige auch niemanden.

- **Konfliktsituationen** auf Bildern besprechen
  Die Schüler können Fotos mitbringen, die sie in Zeitschriften gefunden haben. Es können aber ebenso auch selbst gestellte fotografierte Situationen sein.

- Erste **Lösungsansätze** zu den Konfliktsituationen verbal finden
  Im Klassengespräch wird erörtert, was passiert, wenn die Person so oder so reagiert? Wie könnte man die Situationen lösen oder entschärfen?

- **Streitdialoge** üben
  Zwei Schüler sitzen sich gegenüber und bekommen ein Problem bzw. eine Konfliktsituation vorgegeben. Beispiel: Schüler A hat Schüler B in der Pause beim Spiel ausgeschlossen und zur Seite geschubst. Schüler B ist völlig sauer und beschimpft Schüler A. Aufgabe an die ganze Gruppe: „Wie könnten die beiden die Situation verbal klären? Was könnten sie tun, um den Konflikt aufzulösen? Wie kann ich einen Dialog beginnen?

2 Konfliktlösungen – ein Maßnahmenkatalog

- **Ich-Botschaften** formulieren und im Partnergespräch üben
  Beispiele: „Ich finde gut/schlecht, dass … Ich wünsche mir, dass …" Dabei können sich zwei Schüler gegenüberstehen und sich im Wechsel diese positiven Sätze sagen. Jeder hat drei Sätze.

- Der Gruppe oder meinem Partner verbal oder mit Symbolen ein **Feedback** geben
  Beispiele: Daumen hoch, klatschen. Zu einem Feedback eignen sich Situationen, in denen ein Schüler eine exponierte Aufgabe hatte. Beispiel: Die Schüler geben ein Feedback zu einem Referat, wenn eine Hausaufgabe vorgelesen wurde oder das Ergebnis einer praktische Arbeit gezeigt wird.
  Anmerkung: Die gegenseitige Wertschätzung ist für Schüler enorm wichtig!

- **Gewaltsituationen** thematisieren
  Dazu können Filme oder Gespräche über eigene Erfahrungen eingesetzt werden. Beispiel: Schüler berichten über ihre Erfahrungen im Freizeitbereich oder über etwas, das sie in den Medien gehört oder gelesen haben oder über Bilder, die sie gesehen haben.
  Anmerkung: In solchen Gesprächen erfährt man häufig sehr viel über Erlebnisse der Schüler, über die sie sonst nicht reden mögen.

- **Konfliktgeschichten** lesen und bearbeiten
  Ein Beispiel findet sich auf der Kopiervorlage (M 11). Die Geschichte kann in Gruppenarbeit gelesen und besprochen, ebenso gemeinsame Lösungen erarbeitet werden.

- **Konfliktgeschichten** vortragen
  Die Schüler schreiben verschiedene Konfliktgeschichten auf kleine Zettel. Was haben sie in den Pausen erlebt oder am Nachmittag oder auf dem Fußballplatz.

- **Lösungsstrategien** überlegen
  Im Klassengespräch Konfliktlösungen thematisieren: Welche Lösungsstrategien kennt ihr, welche bietet sich bei diesem Konflikt an? Im Kreisgespräch können mithilfe der Kopiervorlage M 13 die einzelnen Schritte mit den Schülern besprochen werden.

2 Konfliktlösungen – ein Maßnahmenkatalog

Beispiel für einen Stundenverlauf aus der Lernstufe 2

Phase/Methode	Situations- und Handlungsabfolge	Sozialform	Material Raum
Einstieg (5 Min.)	Anfangsritual: „Ich bin Ich"	Kreisaufstellung	Keine
Kooperative Übung (10 Min.)	Dreibeinlauf: Drei Schüler stehen nebeneinander. Die Beine des in der Mitte Stehenden werden mit dem rechten und linken Bein der außen Stehenden mit einem Seil zusammengebunden. Die Gruppe muss nun versuchen, eine Strecke zu gehen. Dies funktioniert nur mit Absprache.	Kleingruppenarbeit	Freier Raum oder Schulflur, Seile
Aufgabenstellung I (5 Min.)	**Beleidigungen oder Schimpfwörter sammeln.** Die Schüler schreiben auf Zettel, welche Beleidigungen und Schimpfwörter sie kennen.	Einzelarbeit Sitzkreis	Zettel Stifte
Dokumentation (5 Min.)	Die Ausdrücke werden zusammengetragen und danach sortiert, welche erklärt werden können und welche vom eigentlichen Sinn her Erklärungsbedarf haben.	Sitzkreis Kreisgespräch	Ein großes Plakat als Unterlage, auf das die Zettel gelegt werden können
Aufgabenstellung II (10 Min.)	Die Bedeutung der Beleidigungen und Schimpfwörter klären. Die Bedeutungen werden im Plenum besprochen. Danach werden die Zettel vernichtet.	Sitzkreis	
Aufgabenstellung III (10 Min.)	Blitzrunde: Jeder Schüler sagt, welche Beleidigung er am schlimmsten findet und formuliert die Sätze: a) „Ich möchte nicht…" (Beispiel: … angespuckt werden.) b) „Ich …(spucke auch niemanden an.")	Sitzkreis	

2 Konfliktlösungen – ein Maßnahmenkatalog

Lernstufe 3

Die erworbenen Fähigkeiten bzw. das Erlernen und Einüben sozialer Verhaltensstrukturen sollen durch gezielte Übungen und in Form von Projekten im Unterricht integriert werden. Die Ergebnisse des Unterrichts sollen zunehmend dokumentiert und bildlich oder symbolisch festgehalten werden. Die Lernziele für diese Lernstufe sollen sich an der gesellschaftlichen Wirklichkeit der Schüler orientieren.

Lernziele
- kooperatives Verhalten
- Streitschlichtung
- Übernahme von sozialer Verantwortung (z. B. für jüngere Schüler oder Projekte)
- emotionales Gleichgewicht
- Gefühle kontrollieren können
- Streitdialoge führen können

Emotionale Kompetenzen

- **Streitdialoge** führen
  Wenn ein klares Problem ansteht, erhalten die Schüler Gelegenheit, dieses in einem Streitdialog auszutragen. Dazu üben sie im Zweiergespräch auf dem „heißen Stuhl" (zwei Stühle stehen sich gegenüber, die anderen Schüler sitzen im Kreis oder auf ihren Plätzen) und nutzen nach Möglichkeit dabei die in den Lernstufen erarbeiteten Kommunikationsformen (vgl. „HANDD"-Methode, M 13 und M 14). Dazu werden die einzelnen Schritte mit den Schülern erneut durchgearbeitet und der Lehrer unterstützt den Dialog mit den entsprechenden Fragen.

- **Gefühle** nach dem Streitdialog verbalisieren
  Die Schüler berichten, was sie im Dialog empfunden haben und welche Gefühle ihnen wichtig sind. Sie erklären, wie es ihnen während des Gespräches ging und ob sie danach Erleichterung empfinden oder hilflos sind. Die Ergebnisse werden auf Zettel geschrieben und an die Tafel gehängt. Darüber wird im Plenum diskutiert. Die unbeteiligten Schüler berichten, was sie von außen gesehen haben.

- In **Konfliktsituationen** entstehende Gefühle ausdrücken
  Die Erlebnisse und Empfindungen von den Schülern, die „von außen" den Streitdialog beobachtet haben, werden gesammelt und visualisiert. Wie lassen sich die möglichen Lösungen in Alltagssituationen übertragen?

- **Wut** visualisieren und **Verhaltenstricks** zusammentragen
  Die Schüler berichten über eigene Wut-Situationen (z. B. ein Spiel verlieren, Streit auf dem Fußballplatz, sich vordrängeln) und ihre Tricks, mit der Wut umzugehen. Es können auch Fotos oder Bilder gesammelt und anhand dieser überlegt werden.

- Einen **Lösungskatalog** aufschreiben
  Die Schüler werden in Gruppen aufgeteilt. Jede Gruppe erhält eine Konfliktsituation per Karte (M 15). Die Schüler erarbeiten in Kleingruppen verschiedene Lösungsstrategien und schreiben sie auf (M 16).

- Den Begriff „Gewalt" beleuchten
  Was ist **Gewalt**, was ist **keine Gewalt**? In Kleingruppen stellen die Schüler Vermutungen darüber an und halten sie mithilfe der Kopiervorlage M 22 (2) schriftlich fest.

- Wörter und Situationen dem Begriff „Gewalt" zuordnen
  Karteikarten mit Begriffen (M 22 [1]) werden auf den Boden gelegt. Die Schüler arbeiten in nonverbaler Aktion und ordnen die Karten den Ober-

2 Konfliktlösungen – ein Maßnahmenkatalog

begriffen „Gewalt" oder „keine Gewalt" zu. Anschließend wird darüber gesprochen und die Karten können – nach kurzer Begründung, warum – wieder verlegt werden.

- Zu verschiedenen **Gefühlen gestalten**
  Wie sieht meine Wut, Trauer etc. aus?
  Die Schüler können große Gefühlsplakate oder Gefühlsskulpturen aus Papier oder Karton gestalten. Danach gehen alle zu einem „Museumsrundgang" durch den Klassenraum und schauen sich die Kunstobjekte an.

- Ein **vorgegebenes Bild** verändern
  Aus Katalogen oder alten Kunstkalendern wählt jeder Schüler ein Motiv aus. Die Bilder können in Einzelteile zerschnitten und auf einem separaten Blatt wieder zusammengefügt werden. Durch Collagieren und Ergänzen entstehen so „Veränderungsbilder" zum Thema Wut.

- Ein **Triptychon** gestalten: Was war? Was ist? Was soll sich ändern?
  Ein großes Blatt in drei kleine teilen und die drei Bilder gleichzeitig malen zu den Themen:
  Teil 1: Wie ging es mir vor dem Konflikt?
  Teil 2: Wie ist es im Augenblick? Habe ich schon eine Lösung gefunden?
  Teil 3: Wie müsste es sein, wenn alles gut ist?

- Die **eigenen Grenzen** im Spiel deutlich machen
  Diese Übung sollte in der Turnhalle oder einem freien Raum durchgeführt werden. Jeder Schüler erhält ein Seil und legt es als seinen Raum auf den Boden. Die Form bestimmt er dabei selbst. Einige Schüler setzen sich in ihren gelegten fiktiven Raum, die anderen Schüler laufen frei durch den eigentlichen Raum und versuchen, die anderen gelegten Räume zu betreten. Wer nicht möchte, dass jemand zu ihm kommt, sagt „stopp" oder „nein". Es kann immer gewechselt oder auch ein freier Raum betreten werden. Kommt der Besitzer zurück, entscheidet dieser, ob der Eindringling wieder gehen muss. Jeder entscheidet selbst, wann er läuft oder sitzen bleibt.

- Eskalations- oder Gewaltsituationen aus den Medien vorlesen oder anschauen
  Welche **Gefühle** entstehen bei mir? Was bedeutet Gewalt, die ich bei anderen sehe, für mich? Im Plenum darüber sprechen oder die Schüler einen kleinen Bericht schreiben lassen.

- **Fantasiereisen**
  Die Schüler suchen sich einen Platz im Raum (Klassenraum oder Turnhalle). Je nach Möglichkeit sitzen sie auf einem Stuhl oder liegen auf Matten auf dem Boden. Die Geschichte in M 24 wird langsam vorgetragen. Dazu kann auch Entspannungsmusik laufen. Wer kann, sollte die Augen dabei schließen.

Soziale Kompetenzen

- **Klassenregeln** besprechen
  Hat sich etwas geändert zu den Regeln im letzten Jahr? Was klappt gut? Was klappt nicht gut? Kommen neue Regeln hinzu?

- „Laute **Regelpost**" als Ritual einführen
  Jede Woche wird eine neue Regel als Klassenregel gemeinsam herausgesucht. Diese Regel wird im Gesprächskreis immer an den Nachbarn weitergeben.

- **Ärgermitteilungen** und freundlich formulierte Beschwerden sammeln und visualisieren
  Die Schüler erfahren im Kreisgespräch, dass es unterschiedliche Möglichkeiten der Ärgermitteilung gibt. Jeder berichtet darüber, wie er seinen Ärger einem Mitschüler mitteilt. Im Plenum wird überlegt, was es alles für Möglichkeiten gibt und diese an der Tafel gesammelt. Dann wird an einem Beispiel geübt. Wer möchte, darf nun seinen Ärger von heute oder gestern seinem Mitschüler mitteilen.
  Beispiele: Ich fand es nicht gut, dass du heute Morgen … / Ich ärgere mich, wenn du mir … / Ich fände es schön, wenn du …

- **Buddy-Projekte** einrichten
  Ein älterer Schüler aus einer höheren Klasse ist jeweils für einen jungen Schüler verantwortlich. Wenn der „Kleine" Hilfe braucht, kann er sich an den „Großen" wenden.

2 Konfliktlösungen – ein Maßnahmenkatalog

- **Kooperationsspiele** durchführen
  Beispiel: Die Klasse wird in Gruppen aufgeteilt (maximal sechs Schüler in einer Gruppe). Jede Gruppe steht nun auf einer Decke und muss gemeinsam versuchen, die Decke auf die andere Seite zu drehen, ohne diese zu verlassen. Es müssen immer alle auf der Decke stehen bleiben.

- **Interaktionsspiele** durchführen
  Beispiele: Die Klasse sitzt im Kreis. Es dürfen immer nur drei Schüler gleichzeitig aufstehen. Wenn sich einer hinsetzt, darf nur einer dazukommen. Die Schüler müssen sich gegenseitig beobachten, aufeinander Rücksicht nehmen und sich ggf. zurücknehmen. Es sollten immer drei Schüler stehen und es darf nicht gesprochen werden.

- Einbauen der Übungen aus dem Coolnesstraining (M 25) in der Turnhalle, auf dem Schulhof oder in der Klasse

- Sich gegenseitig **positive Wahrnehmungen** mitteilen
  Wenn ein Schüler ein Referat gehalten oder etwas vorgelesen hat, können die Schüler ein positives Feedback geben: „Ich fand gut, …"

- **Demokratische Grundstrukturen** kennenlernen
  Die Schüler erfahren, wie wichtig es ist, andere Meinungen zu akzeptieren, gemeinsam zu entscheiden und Verantwortung zu übernehmen, besonders im Hinblick auf die Schule und die Klasse. Beispiele: Mitspracherecht, Wahlen, öffentliche Meinung, Klassenrat.

- Übungen zur **Streitschlichtung und Mediation**
  Schüler (z. B. die Klassensprecher) der Klasse können sich bereit erklären, die Streitschlichterrolle in der Klasse zu übernehmen. Sie lernen, dass man Konfliktpartner miteinander ins Gespräch bringt und Konfliktlösungen sucht. Dazu werden sie in dafür eingerichteten Stunden mit der HANDD-Methode oder Streitschlichterübungen vertraut gemacht und erfahren, wie man bei der Streitschlichtung danach vorgehen kann. Hilfreich dazu sind die Kopiervorlagen M 12 bis M 14, die mit den Streitschlichtern eingeübt werden. Wichtig ist jedoch für die Schüler zu wissen, dass man Streit nur schlichten kann, wenn die Beteiligten das auch wollen. Also: Nicht einmischen ohne Erlaubnis!

- Übungen zu **Körperhaltung und Körpersprache**
  Die Schüler erhalten im Wechsel Karten, auf denen ein Gefühl steht. Sie gehen einzeln nach vorn und nehmen der Karte entsprechend eine Körperhaltung ein. Die anderen raten, worum es geht und geben ein Feedback

- **Kriterien** für eine sichere Körperhaltung in Konfliktsituationen sammeln
  Beispiele:
  1. aufrechter Gang,
  2. nicht in ein Gespräch verwickeln lassen,
  3. nicht in die Augen schauen,
  4. sich nicht provozieren lassen,
  5. selbst nicht durch Worte oder Mimik provozieren,
  6. weglaufen,
  7. Straßenseite wechseln.

- Übungen dazu in der Gruppe durchführen
  Einzelne Schüler gehen durch eine Gasse, die von den anderen gebildet wird, und wenden dabei die oben zusammengetragenen Kriterien an.

- Weitere Aspekte der Körperhaltung erarbeiten
  Die Schüler sammeln in Gruppenarbeit weitere Verhaltensmuster, die es im Umgang mit Dialogpartnern gibt. Beispiele: Gestik, Mimik, körperliche Unruhe, körperliche Nähe oder Distanz, Körperhaltung, Blickkontakt. Die Ergebnisse der Gruppenarbeiten werden aufgeschrieben und für alle sichtbar an die Tafel gehängt und anschließend im Plenum besprochen.

- Körpersprache erkennen und richtig deuten
  Die Schüler erörtern in Gruppenarbeit, warum es wichtig ist, Körperhaltung zu kennen und richtig zu interpretieren. Beispielantworten: … um sich nicht provozieren zu lassen, … um Körperhaltung nicht falsch auszulegen und sich zu ärgern, wissen, dass ich mit meiner Körperhaltung oder Mimik auch provozieren kann … Die gesammelten Ergebnisse werden in einer Mindmap zusammentragen und im Plenum besprochen.

- Bei **sozialen Projekten** mitarbeiten
  Die Schüler können in sozialen Einrichtungen mithelfen (z. B. Vorlesezeiten im Altenheim), schauen, wo sie in der Nachbarschaft ihre Hilfe anbieten können (Müll aufsammeln) oder soziale Aufgaben

2 Konfliktlösungen – ein Maßnahmenkatalog

innerhalb der Schule übernehmen (den Schulhof vom Müll befreien, Obst verteilen, etc.).

- **Die Institutionen Jugendamt und Polizei kennenlernen**
Die Polizei ist oft sehr dankbar, Kontakt zur Schule zu pflegen. Polizisten kommen gern zur Schule und berichten über ihre Arbeit oder erzählen, wie man sie im Bedarfsfall um Hilfe bitten kann.

- **Wissen, wer in bestimmten Situationen helfen kann**
Die Schüler sollten wichtige Adressen und Telefonnummern von Institutionen erhalten. Beispiele: Es kann Telefonlisten in jeder Klasse geben, die ausgehängt werden. Darauf befinden sich dann Telefonnummern des Kinderschutzbundes, des Jugendamtes, eines Sorgentelefonanschlusses. Begriffe und Hintergründe zu Gewalt und Kriminalität **herausarbeiten**
Dazu können Filme (z. B. „Knallhart" oder „Picco") gemeinsam angesehen und anschließend darüber diskutiert werden.

Wissen, **was passiert**, wenn ein Schüler eine kriminelle Handlung begeht
Die Schüler erfahren anhand eines Beispiels (durch einen Film oder eine Begebenheit aus der Zeitung, in der eine Situation beschrieben wird), dass eine Straftat je nach der Schwere der Tat Konsequenzen hat: Tat – Polizei – Gericht – Gefängnis (Jugendarrest).

Kommunikative Kompetenzen

- **Gesprächskreis** vor dem Unterricht regelmäßig durchführen
Was liegt gerade an? Wer hat ein Problem? Diese Gespräche können helfen, Störungen im Unterricht vorzubeugen. Oftmals sind die Schüler durch Gedanken, die sie beschäftigen, abgelenkt. Die Gespräche tragen zur rechtzeitigen Verarbeitung bei und können ein Anfangsritual sein.

- Sicherheit und Routine in **Gesprächstechniken** entwickeln
Der einzelne Schüler kann **Ereignisse mündlich** vortragen. Die übrigen Schüler können **Verstehen** und **Nicht-Verstehen** zum Ausdruck bringen, z. B. durch gezieltes Nachfragen, aber auch durch nonverbale Kommunikation.
Sie können ihre eigene Meinung zu einem Thema äußern unter Beachtung der allgemeinen Gesprächsregeln. Sie legen dar: Was ist bei mir angekommen? Wie habe ich es empfunden? **(Sharing)** oder geben (verbal oder mit Symbolen) ein **Feedback**: Du hast das ... gesagt / gemacht und ich finde ...

- **Angstsituationen** formulieren und aufschreiben
Was macht mir Angst? In welcher Situation habe ich Angst gehabt?

- **Kooperatives Lernen** fördern
Mit den Schülern Übungen wie Talking Chips, Send a problem, Placemat-Activity, Numbered Head durchführen und zu einzelnen Fragen erproben. Beispielaufgabe: Erarbeitet in Gruppen, welche Aspekte der Körperhaltung wichtig sind. Was mache ich z. B. auf der Straße, wenn mir jemand provozierend begegnet?

- **Gedanken** im Partnergespräch **austauschen**
Zwei Schüler stehen sich mit Abstand gegenüber. Auf dem Boden liegen vor jedem zwei grüne und zwei rote DIN-A4-Blätter. Im Wechsel tritt einer einen Schritt nach vorn (zuerst auf Grün) und sagt zuerst, was er an seinem Gegenüber gut findet. Danach ist der andere an der Reihe. Dann tritt Schüler A wieder einen Schritt vor (auf das rote Blatt) und sagt, was er nicht gut findet usw. Wenn die Blätter „abgelaufen" sind, stehen sich die beiden Schüler direkt gegenüber. Zum Schluss sagt jeder, was er sich von dem anderen wünscht.

2 Konfliktlösungen – ein Maßnahmenkatalog

Beispiel für einen Stundenverlauf aus der Lernstufe 3

Phase/ Methode	Situations- und Handlungsabfolge	Sozialform	Material Raum
Kooperative Übung (10 Min.)	Die Klasse wird in Gruppen aufgeteilt (maximal sechs Schüler in einer Gruppe). Jede Gruppe steht nun auf einer Decke und muss gemeinsam versuchen, die Decke auf die andere Seite zu drehen, ohne diese zu verlassen. Es müssen immer alle auf der Decke bleiben. (Wenn man räumlich nicht genug Platz hat, können die einzelnen Gruppen die Übung hintereinander durchführen. (Achtung Zeit!)	Kleingruppenarbeit	Freier Raum oder Schulflur
Scharade (10 Min)	**Körperhaltung und Körpersprache:** Schüler erhalten im Wechsel Karten, auf denen ein Gefühl oder eine Situation steht. Sie gehen einzeln nach vorn und nehmen der Karte entsprechend eine Körperhaltung ein. Die anderen raten, worum es geht und geben ein Feedback.	Eigener Arbeitstisch	M1 oder Zettel mit vorbereiteten Sätzen
Aufgabenstellung I (10 Min.)	Körpersprache erkennen und richtig deuten. Die Schüler erörtern in Gruppenarbeit, warum es wichtig ist, Körperhaltung zu erkennen und richtig zu interpretieren. Beispielantworten: … um sich nicht provozieren zu lassen, … um Körperhaltung nicht falsch auszulegen und sich zu ärgern, wissen, dass ich mit meiner Körperhaltung oder Mimik auch provozieren kann …	Gruppenarbeit Vierertische	Stifte einzelne Blätter
Dokumentation (10 Min.)	Jede Gruppe hat einen Schreiber (vorher festlegen) Dieser schreibt die Ergebnisse an die Tafel. Sie werden danach im Einzelnen besprochen.	Gruppenarbeit Vierertische	Tafel, Kreide
Aufgabenstellung II (5 Min.)	Einzelne Schüler gehen durch eine Gasse, die von den anderen gebildet wird. (Diese Übung wird in der nächsten Stunde direkt wiederholt. Die Schüler berichten, was sie selbst empfinden und die Gruppe gibt Feedback über die jeweilige Körperhaltung.)		Freier Raum, Schulflur oder Turnhalle

2.4 Konflikte bewältigen

Wenn ein Konflikt eskaliert ist, steht der Lehrer meist plötzlich unter massivem Handlungsdruck und spult automatisch Handlungsmuster ab, die ihm vertraut sind. Vor allem in diesen konflikthaften Situationen greift er auf bereits „verinnerlichte Notfallprogramme" zurück, die nicht immer erfolgreich sind und die jeder für sich überdenken und optimieren sollte, um in diesen belastenden Momenten entsprechend reagieren zu können.

Welche „Konfliktmuster" gibt es und auf welches „Konfliktmuster" greife ich zurück? Ist es das „richtige" in der momentanen Situation? Wie sehen geeignete Deeskalationsstrategien im Umgang mit Kindern mit herausforderndem Verhalten in Konfliktsituationen aus?

Vor allem: erst einmal Ruhe bewahren und tief durchatmen!

RUHE ist ein wichtiges Grundprinzip für alle, die mit verhaltensauffälligen Kindern arbeiten. Ruhe kann helfen, den richtigen Umgang zu finden.

Nach Hans Biegert gibt es für den Lehrer anwendbare Hilfen:

„**R**egeln aufstellen, die Routine ergeben,
Umsicht zeigen und ermutigen,
Humor durchkommen lassen und um heitere Gelassenheit bemüht sein,
Einfühlungsvermögen und Zuwendung praktizieren."

Ein akutes **Notfallprogramm** kann helfen, den Konflikt zu entschärfen. Es könnte z. B. folgendermaßen aussehen:

- Distanz zur Situation aufbauen und sich nicht persönlich angegriffen fühlen.
- Nicht die Schuldfrage klären wollen. Diese lässt sich ohnehin hinterher meist nicht mehr feststellen und wird auch unterschiedlich empfunden.
- Die Konfliktpartner beruhigen.
- Eine Konfliktsituation systematisch erarbeiten (Beispiel M 13 und M 14).
- Die Wünsche und Regeln festhalten. (Die Schüler können ihre eigenen Wünsche aufschreiben.)

In jedem Fall ist ein ruhiges, überlegtes Handeln ohne Aufregung sehr hilfreich. Wenn die Maßnahmen für bestimmte Situationen vorab ganz klar geklärt sind, kann man sofort darauf zurückgreifen. Eine Referenztransformation (s. S. 17) hilft noch einmal, die Situation aus anderer Perspektive zu betrachten.

Wichtig ist die Gestaltung einer verlässlichen pädagogischen Beziehung in der Alltagsarbeit mit Kindern mit herausforderndem Verhalten und Störungen. Diese kann nicht hoch genug eingeschätzt werden. Eine vertrauensvolle und behutsame Beziehungsebene sowie eine achtsame Kommunikation können dabei sehr hilfreich sein. Die auf Seite 41 aufgeführte **Checkliste zur Selbstreflexion** kann wichtige Hinweise geben, welche Aspekte ich als Lehrer in meinem Unterricht berücksichtigt habe bzw. haben sollte.

Ebenso nützlich für Schüler mit wiederholt herausforderndem Verhalten in der Klasse kann eine sogenannte **Deeskalationsleiter** (s. S. 42) sein: Jeder Schüler, für den es sinnvoll ist, ein eigenes Ziel oder als Hilfe eine sichtbare Maßnahmenstruktur zu haben, erhält eine (laminierte) Deeskalationsleiter an seinem Platz. Gemeinsam erarbeiten Schüler und Lehrer die Regeln der Leiter und was passiert, wenn er am Ende angekommen ist.

Auf eine Wäscheklammer wird der Name des Schülers geschrieben und diese an die Seite geklemmt. Es wird oben bei der ersten Stufe begonnen. Hat der Schüler den Tag gut geschafft, bekommt er ein Sternchen in sein Sternchenheft oder eine Belohnung, die mit dem Lehrer abgesprochen wird. Verletzt der Schüler im Laufe des Tages die Regeln oder verhält er sich unangemessen, wandert die Klammer schrittweise nach unten. (Sie kann jedoch auch wieder nach oben wandern, wenn der Schüler es wieder schafft, sich angemessen zu verhalten.) Ist die Klammer im Laufe eines Tages unten angekommen, wird die abgesprochene Maßnahme ergriffen. Am nächsten Tag fängt der Schüler wieder oben an.

2 Konfliktlösungen – ein Maßnahmenkatalog

Checkliste zur Selbstreflexion

Aspekte	ja	nein	meistens
Zuverlässigkeit/Glaubwürdigkeit Halte ich unbedingt ein, was ich sage oder anordne? Weiß der Schüler genau, dass ich meine Ansagen und Forderungen einhalte?			
Vertrauen Können sich die Schüler auf mich verlassen?			
Zuhören Kann ich aktiv zuhören, ohne die Schüler zu unterbrechen und Fragen zu stellen?			
Ressourcen Versuche ich, die Stärken des Schülers zu sehen und nicht nur seine Schwächen und Störungen (keine Defizitorientierung)?			
Störfaktoren Greife ich, wenn es möglich ist und die Situation es erlaubt, störende Faktoren auf und kann ich sie als konstruktive Grundlage für Gespräche oder Interaktionen nutzen?			
Schülerprobleme Nehme ich die Schüler mit ihren Problemen ernst und zeige ich es ihnen?			
Dialog Bleibe ich im Dialog mit den Schülern?			
Gesprächsführung Rede ich **mit** dem Schüler und nicht über ihn (nicht vor der ganzen Klasse)?			
Lösungsstrategien Suche ich nach geeigneten Lösungen in einem Konflikt und versteife ich mich nicht auf die Schuldfrage?			

2 Konfliktlösungen – ein Maßnahmenkatalog

Deeskalationsleiter

Los geht's!
Viel Spaß für heute.

Sehr gut.
Gut gemacht!

Alles in Ordnung.

Achtung!
So geht es nicht!

Jetzt musst du aufpassen!

Wir haben etwas ausgemacht!
Du weißt Bescheid!

Maßnahme:

2 Konfliktlösungen – ein Maßnahmenkatalog

2.5 Lösungsstrategien

Die Erstellung eines Maßnahmenschlüssels kann helfen, schnell zu reagieren und geeignete Handlungsstrategien einzusetzen. Das folgende Beispiel für einen Maßnahmenschlüssel (s. S. 44) dient dabei als Grundlage und kann je nach Schule beliebig verändert bzw. erweitert werden.

Bei allen Strategien sollte jedoch nicht vergessen werden, dass der Dialog zwischen Schülern und Lehrern vor jeder zu ergreifenden Maßnahme unerlässlich ist. Schüler mit herausforderndem Verhalten haben oft Angst davor, ihr Gesicht und die Kontrolle zu verlieren. Daher ist es besonders wichtig, ihnen zuzuhören und Gelegenheit zur Erklärung zu geben.

Neben den in der Tabelle aufgeführten Maßnahmen gibt es weitere, die in bestimmten Situationen eine dringende Zusammenarbeit mit den unten genannten Professionen notwendig machen.

A Therapieplan im interdisziplinären Team erstellen
B Kontaktaufnahme zu einer anderen Institution (Psychologe, Jugendamt, SPZ [Sozialpädiatrisches Zentrum] Institut für Jugendhilfe, Therapeuten)
C Einzelförderung im Bereich Verhaltensstrukturen mit einer Therapeutin

Die Tabelle „Situation – Reaktion – Maßnahme" auf der Seite 45 zeigt die Situationen, gestaffelt nach der Steigerung innerhalb der Eskalationsleiter, die möglichen Reaktionen und Maßnahmen darauf laut erstelltem Maßnahmenschlüssel.

2 Konfliktlösungen – ein Maßnahmenkatalog

Maßnahmenschlüssel

1. Nonverbale Reaktion
   1.1 nicht beachten
   1.2 Augenkontakt
   1.3 situative Geste

2. Paradoxe Intervention/Spiegeln (nur bei Schülern, mit denen es möglich ist – nach interdisziplinärer Rücksprache mit dem Therapeuten)

3. 3er-Schritt oder A-B-C-Reaktion:
Direkte Ansprache (als Bitte und Ich-Botschaft formulieren)
   A   ruhig/freundlich
   B   deutlich/energisch
   C   letzte klare Ansage
(wenn situativ angebracht, dabei auf Augenhöhe des Schülers gehen)

4. Direkte Kontaktaufnahme
   4.1 Berührung
   4.2 ggf. Dinge abnehmen

5. Nach „Wutpegel" (1–10) fragen – abgesprochene Beruhigung einsetzen (z. B. Wutball – körperliche Berührung, die Halt gibt – visuelles Symbol)

6. Nacharbeiten oder besondere Aufgaben
   6.1 in der Pause
   6.2 nach dem Unterricht

7. Auszeit
   7.1 kurzfristiger Ausschluss aus der Lerngruppe
       (mit oder ohne Arbeitsauftrag, je nach Situation)
   7.2 integrieren in eine andere Lerngruppe
       (andere Klasse, kreative Lernwerkstatt)

8. Persönlicher Dialog zwischen Lehrer und Schüler
   8.1 Gespräch mit anderen Pädagogen
       (Förderschullehrer, Schulsozialarbeiter, Schulleiter etc.)

9. Zeitlich begrenzte Einzelbetreuung/-förderung durch Förderschullehrer
10. Benachrichtigung an die Eltern (z. B. persönliche Information durch einen Anruf oder direktes Gespräch, Mitteilungsheft)
11. Offizielles Elterngespräch mit dem Kind (evtl. auch mit der Schulleitung)

12. Einberufung einer Erziehungsmaßnahmenkonferenz
   12.1 Teamsitzung
   12.2 wenn nötig, Lehrerkonferenz

2 Konfliktlösungen – ein Maßnahmenkatalog

Dokumentation
Situation – Reaktion – Maßnahme

Situation	Erste Reaktion (nach Schlüssel)	Maßnahme (nach Schlüssel)
Geräusche machen/ Spielen mit Gegenständen	1, 3	4
Nebengespräche, -beschäftigung	1	3
Dazwischenreden oder -rufen	1, 3	5.1, 8
Pausenstreitigkeiten	1, 3	5.1
Hausaufgaben fehlen	8, 8.1	7
Respektlosigkeit	1.2, 3	
Herumlaufen in der Klasse	8	7.1, 7.2
Offensichtliches Lügen	8	7.1
Streit im Unterricht	4, 4.1, 5	6, 8
Unangemessenes Konfliktverhalten, z. B. verweigern, sich entziehen, angreifen	3, 4	8, 6.1, 6.2
Arbeitsverweigerung	1, 2, 3	7
Beschädigen, Entwenden oder Verschmutzen von fremdem Eigentum	8	7, 10, 12.1
Verbale Gewalt an anderen Schülern	8	6.2, 9
Verbale Gewalt gegenüber Lehrern oder anderen Bezugspersonen	8	6.2, 9, 10.1
Körperliche Gewalt und Übergriffe gegenüber anderen Schülern	4, 8, 6	10, 12.1, A, C
Körperliche Gewalt gegenüber Erwachsenen	4, 8, 6	10, 12.1, B, C
Wutausbruch – unkontrollierte Impulshandlungen	8	6.1, 7
Massives anhaltendes Stören im Unterricht (habitualisiert)	3, 8	6, 7

3 Materialien

Handreichungen und Kopiervorlagen	Lernstufe 1	Lernstufe 2	Lernstufe 3
M 1: Gefühlskarten	x		
M 2: Gefühle	x	x	
M 3 (1–2): Was heißt „gut zuhören"?		x	x
M 4: Was heißt „schlecht zuhören"?		x	
M 5: Wie bekomme ich meine Wut in den Griff?	x		
M 6: Klassenregeln	x	x	
M 7: Mein Stärkenhaus	x		
M 8: Der Gefühlskreis	x		
M 9: Phasen-Tagesplan	x		
M 10: Gründe für Streit		x	
M 11 (1–2): Was ist nur mit Marko los?		x	
M 12: Konflikte lösen in sechs Schritten		x	x
M 13 (1–2): Die „HANDD"-Methode		x	x
M 14: Streitschlichtung mit „HANDD"		x	x
M 15: Konfliktsituationen		x	x
M 16: Vom Konflikt zur Lösung			x
M 17: Wer hat sich cool verhalten?		x	
M 18: Meine persönliche Checkliste		x	
M 19: Mein Ich-Buch	x		
M 20: Was mir in der Klasse gefällt/nicht gefällt		x	
M 21 (1–2): „Ich bin Ich" – ein Bewegungsritual		x	
M 22 (1–2): Gewalt? Keine Gewalt?			x
M 23: Regeln für ein Kampfspiel		x	
M 24: Der Clown und die Schatzkiste (Fantasiereise)			x
M 25: Coolnesstraining (Beispiele)			x

M 1

Gefühlskarten

M 2

Welche Gefühle kennen wir?

Trauer	Freude
Glück	Hass
Wut	Scham
Einsamkeit	Gelassenheit
Ekel	Angst
Eifersucht	Ohnmacht
Verletzbarkeit	Schüchternheit
Liebe	Hoffnung

M 3 (1)

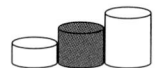

Was heißt „gut zuhören"?

Interesse zeigen

nachfragen

Gesprächspartner anschauen

sich dem anderen zuwenden

freundlich sein

lächeln

die eigene Meinung zunächst zurückhalten

den anderen nicht unterbrechen

den anderen ernst nehmen

Angela Hentschel: Konflikte lösen im inklusiven Unterricht
© Persen Verlag

M 3 (2)

Was heißt „gut zuhören"?

Gut zuhören heißt:

_____

_____

_____

_____

_____

_____

Ich werde versuchen, mich daran zu erinnern
und dies im Gespräch anzuwenden.

Datum _____ Name _____

M 4

Was heißt „schlecht zuhören"?

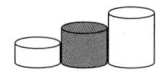

Gesprächspartner nicht anschauen

andere Sachen nebenbei machen

immer wieder auf die Uhr gucken

die Probleme des anderen nicht ernst nehmen

nicht richtig hinhören

unterbrechen und dazwischenreden

abwiegeln – das ist doch alles nicht so schlimm

sich über den anderen lustig machen

M 5

Wie bekomme ich meine Wut in den Griff?

tief durchatmen	weggehen
cool bleiben	einen Schritt zurückgehen
bis 20 zählen	gar nicht hinhören
Faust in der Hosentasche ballen	„Was der sagt, nehme ich doch gar nicht ernst."
„Der will mich doch nur ärgern."	an etwas anderes denken
Körper für kurze Zeit anspannen und die Spannung danach loslassen.	etwas anderes machen

Stopp!
Den anderen bitten,
aufzuhören.

Klassenregeln

1. Wenn einer spricht, hören die anderen zu.
2. Wir sind freundlich zueinander.
3. Wir fangen pünktlich an und hören pünktlich auf.
4. Wir achten uns gegenseitig.
5. Wenn mich etwas stört, sage ich es.
6. Persönliches bleibt unter uns.
7. Ich nehme dich und deine Probleme ernst.
8. Wir helfen uns gegenseitig.
9. Wir suchen gemeinsam nach Lösungen.
10. Wir reden miteinander.

M 7

Mein Stärkenhaus

Name: _____

Woche: _____

Was ich alles schon kann!

Das habe ich geschafft:	Mo	Di	Mi	Do	Fr
Ich bin pünktlich zur Lerngruppe/Klasse gekommen.					
Ich habe aufgepasst, was ich machen sollte.					
Ich habe meinen Mitschülern geholfen, wenn sie mich gebraucht haben.					
Ich habe mich konzentrieren können.					
Ich habe Streit mit anderen ohne Gewalt und Beleidigungen gelöst.					
Ich habe mich gemeldet und gewartet, bis ich an der Reihe war.					
Ich habe meine Aufgabe zu Ende gemacht.					
Ich habe mich an die Klassenregeln gehalten.					
Ich akzeptiere ein „NEIN" oder „STOPP" bei meinen Mitschülern und Lehrern					
Ich kann meine Wut kontrollieren.					
Mein persönliches Ziel:					
Das muss ich noch üben:					

M 8

Der Gefühlskreis

Überlege dir drei Gefühle.
Schreibe sie auf die eine Seite des Kreises außen neben die Linie.

Suche zu jedem ausgewählten Gefühl ein gegensätzliches.
Schreibe es auf die gegenüberliegende Seite.

Überlege, welche Farbe du mit welchem Gefühl verbindest.
Male die Felder des Kreises entsprechend aus.

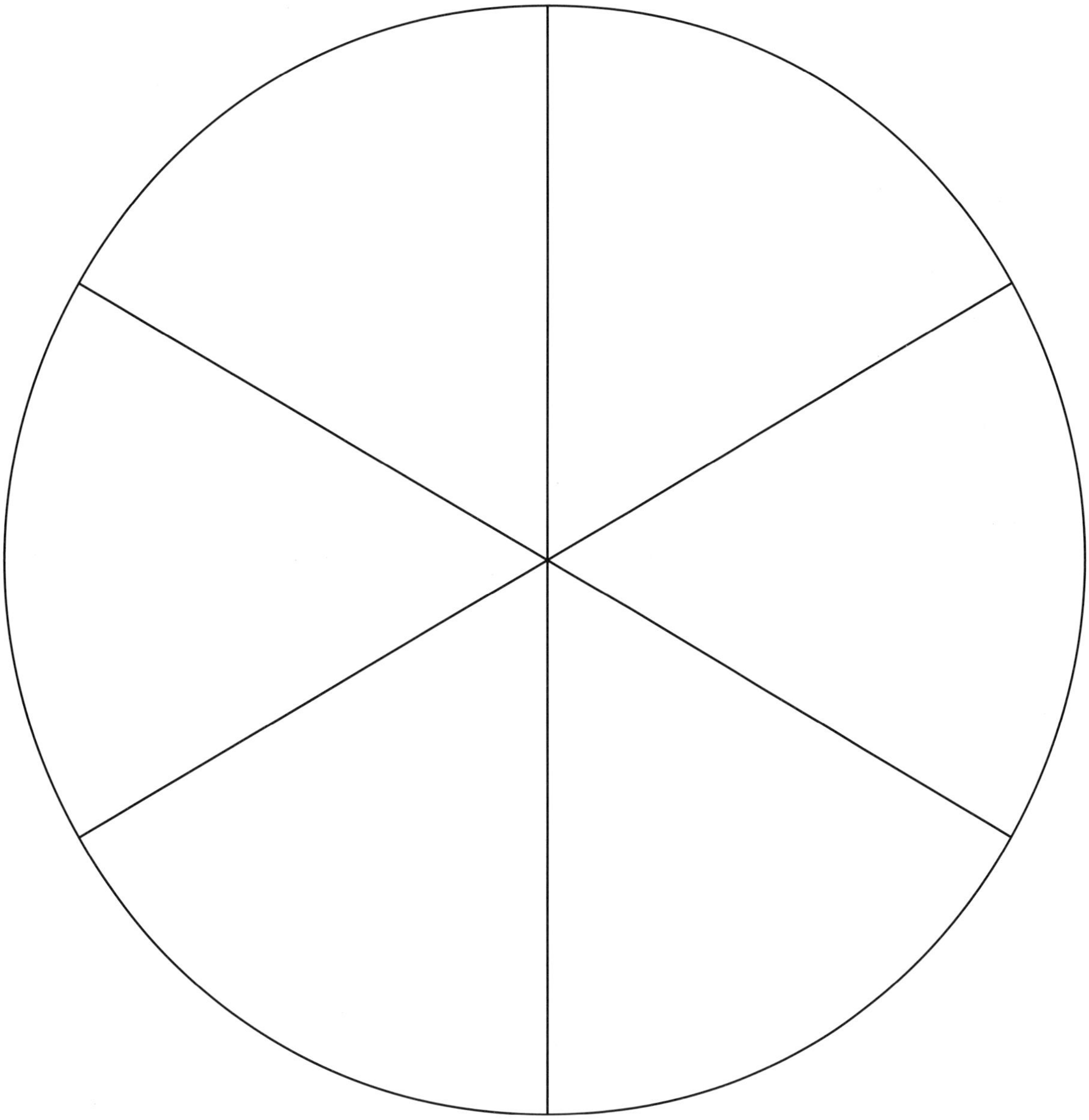

M 9

Phasen-Tagesplan

Name: _____

Datum: _____

1. Stunde	Zeit:	Aufgabe:
	Zeit:	Aufgabe:
2. Stunde	Zeit:	Aufgabe:
	Zeit:	Aufgabe:
3. Stunde	Zeit:	Aufgabe:
	Zeit:	Aufgabe:
4. Stunde	Zeit:	Aufgabe:
	Zeit:	Aufgabe:

M 10

Gründe für Streit

Name: _____

Es gibt Gründe, warum ein Streit beginnt.
Kreuze an, was dich dazu bringen kann, zu streiten.

Ich fange Streit an,

	ja	nein
… wenn mich jemand beleidigt.		
… wenn mir jemand etwas wegnimmt.		
… wenn ich von meiner Lehrerin nicht drangenommen werde.		
… wenn ich in der Reihe nicht der Erste sein kann.		
… wenn mich jemand kritisiert.		
… wenn ich im Spiel nicht gewinne.		
… wenn ich mit den anderen nicht mitspielen darf.		
… wenn ich etwas falsch gemacht habe.		
… wenn ich warten muss.		

Ich möchte etwas ändern: _____

_____

_____

Wie kann ich es ändern: _____

_____

_____

M 11 (1)

Was ist nur mit Marko los?

Schau dir die Bilder an. Lies die Geschichte genau durch.

Marko ist in der vierten Klasse. Er kommt jeden Morgen zu spät in die Schule.

Er kann nicht richtig aufpassen, was seine Lehrerin im Unterricht erzählt.

Er hat nur wenige Freunde und in der Pause lassen ihn die anderen Schüler oft nicht mitspielen.

Wenn er etwas sagen möchte, dann geht er zu einem Kind und ärgert es, indem er zuschlägt oder tritt.

Dann treten die anderen Kinder zurück und er bekommt immer Streit in der Schule.

Was ist mit Marko los?

Arbeite mit einer Gruppe zusammen und findet gemeinsam Lösungen.

M 11 (2)

Was ist nur mit Marko los?

Was glaubst du, wie sich Marko fühlt?

_____

_____

_____

Was könnte Marko helfen?

_____

_____

_____

Was könnte Marko machen?

_____

_____

_____

_____

Was könnte die Klasse machen?

_____

_____

_____

_____

Konflikte lösen in sechs Schritten

1
Wir setzen uns zu einem klärenden Gespräch gegenüber und schauen uns dabei an.

2
Du sagst mir, was du erlebt und dabei gefühlt hast. Ich höre dir zu.

3
Ich sage dir, was ich erlebt und dabei gefühlt habe. Du hörst mir zu.

4
Du sagst mir, was ich tun kann, damit es dir besser geht.

5
Ich sage dir, was du tun kannst, damit es mir besser geht.

6
Wir begegnen uns respektvoll und ohne Gewalt.

M 13 (1)

Die „HANDD"-Methode

(nach A. Hentschel)

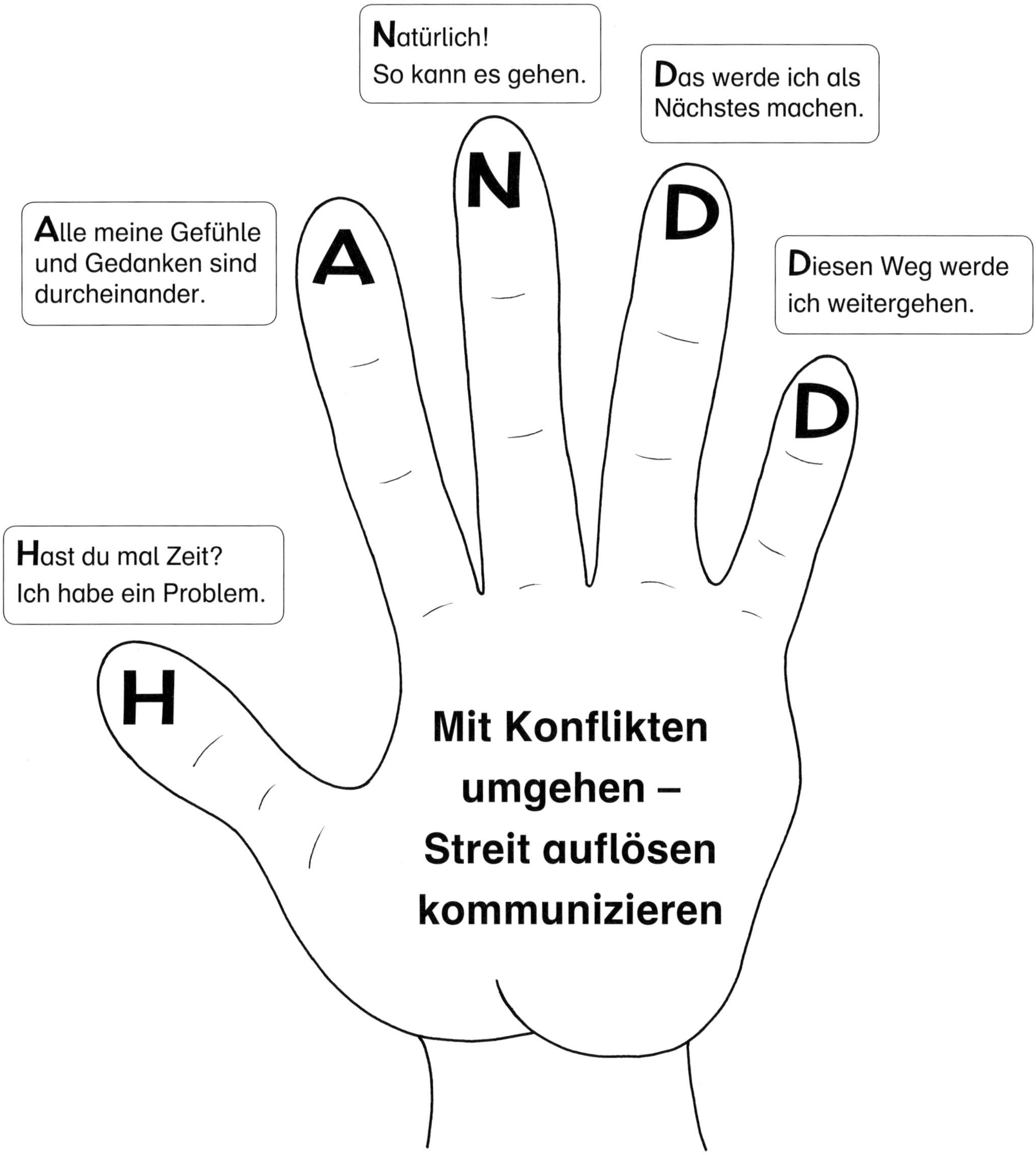

Natürlich! So kann es gehen.

Das werde ich als Nächstes machen.

Alle meine Gefühle und Gedanken sind durcheinander.

Diesen Weg werde ich weitergehen.

Hast du mal Zeit? Ich habe ein Problem.

Mit Konflikten umgehen – Streit auflösen kommunizieren

Das liegt doch auf der „HANDD"

Hast du mal Zeit? Ich habe ein Problem.

Worum geht es?
Was ist passiert?
Wer ist daran beteiligt?

Alle meine Gefühle und Gedanken sind durcheinander.

Wie geht es dir?
Was glaubst du, wie das Problem entstanden ist?
Was denkst du, was das mit dir zu tun hat?

Natürlich! So kann es gehen.

Welche Lösungsmöglichkeiten gibt es?
Was könntest du anders machen?
Was könntest du dir von deinem Konfliktpartner wünschen?
Was könnte sich dein Konfliktpartner von dir wünschen?
Wie müsste es sein, wenn dein Problem/euer Konflikt gelöst ist?

Das werde ich als Nächstes machen.

Was kannst du als Erstes tun, um die Situation zu verändern?
Was kannst du als Erstes tun, damit es dir und deinem Konfliktpartner besser geht?

Diesen Weg werde ich weitergehen.

Was wirst du in Zukunft machen, wenn du in die gleiche Situation gerätst?
Was möchtest du verändern?
Was wirst du üben?

M 14

Streitschlichtung mit „HANDD"

H	• Worum geht es bei eurem Streit? • Was werft ihr euch vor? • Gibt es eine Situation, die immer wieder vorkommt?
A	Abfragen von: • Grundgefühlen • gemischten Gefühlen • inneren Zuständen • Was ärgert dich/euch? Feststellen der Bedürfnisse: • Was hat dich am meisten gekränkt? • Was wolltest du mit deinem Verhalten erreichen? • Was würdest du dir (von dem anderen) wünschen?
N	• Welche Möglichkeiten gibt es für dich/euch, damit ihr den Streit beenden könnt? • Was könntet ihr anders machen? • Was könnte euch helfen? • Wie wäre die Situation, wenn ihr nicht mehr streiten würdet? • Die fortschreitende Lösung des Konfliktes wird visualisiert.
D	• Wer seine Beschwerden und Wünsche nicht laut sagen möchte, darf sie aufschreiben. • Was kannst du als Erstes tun, um den Konflikt zu beenden? • Was ist dein erster Schritt?
D	• Die Wünsche und Angebote werden nicht vergessen, da sie aufgeschrieben wurden. • Die Ziele werden regelmäßig überprüft.

M 15

Konfliktsituationen

Eine Gruppe spielt auf dem Schulhof Fußball. Max beschimpft von außen andauernd den Torwart und mischt sich in das Spiel ein.

Salim beleidigt Justus und sagt: „Deine Mutter ist …!" Daraufhin tritt Salim Justus vors Schienenbein.

Die Lehrerin bittet alle Schüler einer Klasse, sich zu zweit hintereinander aufzustellen. Ben drängelt sich immer wieder vor und rempelt und schubst die anderen beiseite.

Die Schüler sollen mit einem Partner arbeiten. Lena beleidigt Raya und sagt: „Du kannst doch gar nicht richtig schreiben!" Raya ist daraufhin verstört und verweigert die Mitarbeit.

Die Schüler einer Lerngruppe beschimpfen Nando und lassen ihn oft nicht mitmachen. Nando kommt aus Afrika.

Mirko bekommt im Sportunterricht einen Ball an den Kopf. Er wird wütend und schlägt auf den Nächsten ein, der an ihm vorbeikommt.

M 16

Vom Konflikt zur Lösung

Was ist der Grund des Streits?

Wie kann ich vorgehen?

Was will ich erreichen?

M 17

Wer hat sich „cool" verhalten?

Klasse: _____

Name	Datum	Datum	Datum	Datum	Datum

M 18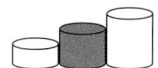

Meine persönliche Checkliste

Name: _____

Das habe ich schon ausprobiert:

_____

_____

_____

Das hat gut geklappt:

_____

_____

_____

Das war nicht so gut:

_____

_____

_____

Das nehme ich mir vor:

_____

_____

_____

M 19

Mein Ich-Buch

Mein Name:

_____

_____

So sehe ich aus:

Das kann ich alles gut: _____

_____

_____

_____

Das kann ich nicht so gut: _____

_____

_____

_____

Das wünsche ich mir: _____

_____

_____

_____

M 20

Was mir in der Klasse gefällt/nicht gefällt

Name: _____

Mir gefällt: _____

_____

_____

Mir gefällt nicht: _____

_____

_____

Das möchte ich gerne ändern: _____

_____

_____

M 21 (1)

„Ich bin Ich" – ein Bewegungsritual

1. **Ich entspanne mich und lasse mich hängen.**

   Schulterbreit stehen,
   Oberkörper und Arme hängen lassen,
   Knie sind leicht gebeugt.

2. **Ich richte mich auf.**

   Oberkörper wieder aufrichten.

3. **Ich stehe sicher.**

   Mit dem rechten und dem linken Fuß
   einen Schritt nach vorn machen.

4. **Ich gebe mir Halt.**

   Beim Einatmen die rechte und linke Hand
   (Handfläche nach unten) an der Seite bis
   Brusthöhe hochziehen und beim Ausatmen
   wieder nach unten drücken.

5. **Ich schütze mich.**

   Die Arme rechts und links vor der Brust
   kreuzen und die Hände dabei auf das
   Schlüsselbein legen.

6. **Ich kann kämpfen.**

   Mit den Händen Fäuste bilden. Dabei zeigt der Daumen der
   rechten Faust nach unten und der Daumen der linken Faust nach
   oben. Den linken Ellenbogen nach hinten ziehen und gleichzeitig
   mit dem rechten Arm nach vorne gehen. Danach wechseln und
   die Fäuste dabei drehen.

M 21 (2)

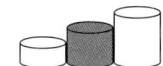

7. Ich öffne mich.

Beide Arme zur Seite ausbreiten.
Handflächen öffnen.

8. Ich kann wachsen.

Beide Hände vor der Brust gegeneinander halten, nach oben über Kopfhöhe führen und schulterbreit öffnen.

9. Ich kann geben.

Beide Hände nach vorn strecken
und die Handflächen öffnen.

10. Ich kann nehmen.

Die geöffneten Hände wieder zurück
zum Oberkörper führen.

Ich bin ich

Die rechte Hand aufs Herz legen und dabei einatmen.
Wenn die Hand aufliegt, ausatmen.

M 22 (1)

Gewalt? Keine Gewalt?

Hausaufgaben	Der Schüler muss zum Schulleiter.
Pausenverbot	Die Mutter gibt dem Kind eine Ohrfeige.
Paul beleidigt Paula.	Hans lässt Murat in der Arbeit nicht abgucken.
Distanzlosigkeit	Max wird von den Mitschülern nicht beachtet.
Der Lehrer schickt Willi aus der Klasse.	beleidigen
Taschenmesser	nicht zuhören
schreien	Hausarrest
anfassen	Schulregeln

Gewalt? Keine Gewalt?

Schreibe deine eigenen Gedanken auf.

Was ist Gewalt?

Was ist keine Gewalt?

Regeln für ein Kampfspiel

mit Schaumstoffröhren

1. Gekämpft werden darf nur im Kampfraum.
   (Der Kampfraum wird vorher definiert.)

2. Die Spieler geben sich vor dem Kampf die Hand.

3. Es darf nur bis zur Hüfthöhe des anderen geschlagen werden.

4. Auf die Zeichen des Schiedsrichters „stopp" und „weiter" muss unbedingt geachtet werden

5. Nur der Schiedsrichter startet oder beendet das Spiel.

6. Der Kampf wird sofort beendet, wenn ein Spieler unfair kämpft.

7. Wer die Regeln nicht beachtet, darf nicht mitspielen.

M 24

Der Clown und seine Schatzkiste

Fantasiereise von A. Hentschel

Stell dir vor, du liegst in deinem weichen, warmen Bett. Du hast gut geschlafen und bist gar nicht mehr müde. Gleich wirst du aufstehen, weil ein neuer Tag beginnt.
Du bist ein Clown, der andere Menschen zum Lachen bringt. Doch manchmal möchtest du gar nicht lustig sein. Du möchtest so sein, wie du bist.
Du reckst dich und streckst dich und dann stehst du auf. Draußen scheint die Sonne und lässt dein Zimmer in hellem Licht erstrahlen.

Du gehst zu deinem Schrank und nimmst dein Clownskostüm heraus. Eine bunte Hose, ein T-Shirt. Vielleicht ist es rot oder gelb oder hat eine Farbe, die dir gut gefällt. Du ziehst deine schönen Sachen an. Und dann holst du deine Nase und ziehst sie auf. Und du schaust in den Spiegel und bist ganz glücklich. Dein Herz fühlt sich fröhlich an. Vielleicht lachst du laut oder lächelst leise in dich hinein.

Ganz hinten in dem Schrank ist noch eine kleine Kiste versteckt. Sie ist wunderschön. Vielleicht ist sie rot oder braun, glatt oder rau. Neugierig schaust du dir die Kiste an. Du schüttelst daran. Vielleicht kannst du etwas hören. Wie es klingt. Leise oder lauter. Ein tiefer oder hoher Ton. Vielleicht klappert es auch oder du hörst nichts.

Langsam öffnest du den Deckel deiner Schatzkiste. Was entdeckst du? Nimm es vorsichtig heraus, betrachte es, befühle es. Findest du noch mehr in deiner Schatzkiste? Lass dir Zeit, sie nach und nach zu entdecken. Leg alle Sachen vor dich hin. Sind da große oder kleine Sachen drin, viele oder wenige? Sind sie schwer oder leicht? Es sind alles deine Sachen. Wie geht es dir damit?

Packe jetzt deine Schätze alle wieder vorsichtig ein. Schließe die Schatzkiste und verstecke sie wieder in deinem Schrank.

Diese Schätze werden dich vielleicht begleiten, wenn du als Clown zu den Menschen gehst. Vielleicht bist du heute ein trauriger Clown, der stiller ist. Oder du bist ein fröhlicher Clown, der viel lacht oder ernst ist. Du schaust dir alles genau an. Es spielt keine Rolle. Spüre deine Gefühle. Du darfst ganz sein, wie du bist.

Komme jetzt langsam wieder in den Raum zurück.

Aufgabe:
Gestalte dich als fröhlicher, ernster oder trauriger Clown.
Gestalte deine Schatzkiste mit deinen Kostbarkeiten.

M 25

Coolnesstraining

Beispiele

- ▶ Kämpfen als pädagogische Disziplin
  - ✓ in der Turnhalle
  - ✓ im Kampfraum mit Schaumstoffröhren

- ▶ Kämpfen nach Regeln
  - ✓ ein eigenes Regelheft zusammenstellen

- ▶ Körperbetonte, sportliche Spiele
  - ✓ gegenseitig die Socken klauen
  - ✓ einen Luftballon mit Partner zerstören

- ▶ Interaktionsspiele
  - ✓ Dreibeinlauf: Drei Kinder stehen nebeneinander. Die Beine des in der Mitte Stehenden werden mit dem rechten und linken Bein der außen Stehenden mit einem Seil zusammengebunden. Die Gruppe muss nun versuchen, eine Strecke zu gehen.
  - ✓ Dreieck legen: Eine Kleingruppe legt mit einem Seil gemeinsam ein Dreieck nur mithilfe verbaler Absprachen.

- ▶ Erlebnispädagogische Maßnahmen
  - ✓ Klettern im Hochseilgarten als Tagesausflug
  - ✓ Schatzsuche auf dem Schulgelände

- ▶ Konfrontationsübungen
  - ✓ Die Schüler mit ihrem Verhalten im Gespräch konfrontieren
  - ✓ Körperliche Reaktionen zeigen lassen und Alternativen dafür finden

- ▶ Körpersprache
  - ✓ mit Körperspannung durch eine Gruppe (Gasse) gehen, die einen beschimpft

- ▶ Aufeinander zugehen und „stopp" sagen

- ▶ Rollenspiele

- ▶ Desensibilisierungsübungen

- ▶ „Prompting"
  (sofortiges Unterbrechen und Korrigieren bei „falschen" Handlungen oder Aussagen und besprechen)

- ▶ Methoden der Mediation und Entspannung

- ▶ Fantasiereisen